叢書セミオトポス 18

日本記号学会 編

仮面の時代

心のありかをさぐる

新曜社

装幀——岡澤理奈事務所

刊行によせて

日本記号学会会長　水島久光

「叢書セミオトポス18」となる本書は、日本記号学会第四三回大会（於：東海大学品川キャンパス、二〇二三年六月一七、一八日開催）の企画セッション「仮面の時代」の報告・ディスカッションを収録するかたちで刊行する。前号（17）『生命を問いなおす』は、第四〇、四一回大会の内容および学会設立四〇周年関連資料を収録するという変則的な形態であったが、それ以降、長年続いていた大会と刊行インターバルのずれの修正や、投稿論文掲載媒体としての電子ジャーナル（『記号学研究（*The Japanese Journal of Semiotic Studies*）』）の発行に関する議論などを重ねることもできた。本号はそれを踏まえた新たな船出の一冊といえよう。

「仮面」あるいはマスクは、顔の一部または全体を覆うものを指す。しかしそれが現れ、道具として用いられる「場面」の多様さ（伝統文化からテクノロジー、そして数々のメディア表象）を振り返るとき、まさにそれは我々が日々解釈を重ねる「記号の謎」へ踏み出す扉の一つたりうることに気づかされる。もちろんそのきっかけは二〇二〇年から二〇二三年にかけて我々を悩ませ続けたCOVID‐19（新型コロナウイルス感染症）の経験にある。この時代を生きたことによって、確実に「マスク」の範列《パラディグム》には、新たなイメージが加わった。

ちょうどその終息期に開催されたこの大会での議論の熱は、おそらくもう二度と再現できないものであり、その意味で「忘れやすい動物」である我々の性《さが》を確認し、記録に残すという役割も、この本は担っている。思い返せばこの間、人と人との接触が半ば強制的に抑えられる環境下で、我々はフィジカルな健康が損なわれる不安だけでなく、「心が蝕まれる」感覚に悩まされ続けた。失われた「対面」、不可視化された「表情」——コミュニケーションの根幹をなす要素の喪失の中で、ギリギリ社会的関係性を取り持つべく、おびただしい数のマスクがいびつな紐帯《ちゅうたい》として流通したのである。

物理的な数だけでなく、「マスクについて語る」言説も、ネット社会の脊髄反射的性格に後押しされてあふれかえった。そして日本記号学会第四三回大会は、「記号」という概念をもとに思考するコミュニティとして、このような「現象」にどのような態度で臨むべきかを示す機会となった——少なくとも、目の前にある存在のかたちに縛られ、自由なイマジネーションが阻まれてはいけない。

大会の狙いとセッション構成、そしてそれをこの書籍の企画にどう編みなおしたかについては、「はじめに」をご覧いただきたい。「仮面 mask」を考えることは「顔 face」を考えることであり、それは人間とは何か（人間ではないものとは何か）、その存在を支える「心・こころ」なるものとは何かという問いに広がっていく——その道筋・過程における「記号」の役割・機能について、本書のページを開かれる方々に、何らかの意味ある刺激を手渡すことができたならば、幸いである。

叢書セミオトポス18　仮面の時代——心のありかをさぐる＊目次

執筆者紹介

はじめに　なぜ「仮面の時代」なのか——その主題と構成について

第四三回大会実行委員長　水島久光

「叢書セミオトポス18」は「仮面の時代」というタイトルで刊行する。本号は、二〇二三年六月に開催された日本記号学会第四三回大会（於：東海大学品川キャンパス）の三つのセッション、およびそれに関連する学会員の研究発表をもとに、発表を再構成あるいは登壇者に新たに原稿を依頼するかたちで編集を行ったものである。

ＣＯＶＩＤ－19が流行した三年間、学会設立四〇周年を「対面」で祝し、振り返ることができなかった。その一方で世代交代も進み、会員の顔ぶれも大きく変わった。感染症の位置づけが二類から五類に変更となり、通常の活動が可能になる最初の大会は、その意味で本学会にとってもリスタートの契機となったことは確かだ。会長と大会実行委員長を兼ねる立場としては、セッションを括る全体テーマとして何がふさわしいか思案のしどころではあった——しかしそのアイデアは意外に簡単に降りてきた。気がつけば「仮面＝マスク」がそこら中を闊歩していたからだ。

もちろん人々が顔を覆うために用いていたのは、ウイルスを防ぐための医療用・衛生マスクである。しかし本来非日常的な感染状況が日常化してしまったニュー・ノーマルが、この小さな布切れを多様な「意味」を背負う「媒体（メディア）」に変えてしまった。とはいえ同じ「マスク」という音を共有していると言っても、「仮面」という文化人類学的・芸術的カテゴリーに一気にそれを引き寄せることは容易ではない。ただこの時期、その距離が急激に狭まったことは確かだ。「マスク」によって隠されてきた「顔」の存在論、もしくは機能への問いが、様々な文脈で浮上してきたからである。

古来「仮面 mask」は「顔 face」の機能を部分／全体的に隠し、抑え、あるときはその表現を強化する役割を果たしてきた。そう考えると、小さな衛生マスクがたくさんの「意味」を纏《まと》うようになったというこの現象は、「仮面」が象徴化することで担ってきた記号を、日常生活に拡散させることによって広がったと、逆説的にとらえることもできよう。すなわち衛生マスクの「仮面化」である。と同時に、そこには様々な問題が提起される。例えば、かつて on／off が極めて明確に切り分けられていた（ように考えられていた）「仮面」と「素顔」の関係が実は、相対的・流動的に変化しうるものであるということ。さらには「顔」自体が行う、あるいは「顔」に対して我々が行う情報処理の複雑さへの気づき――等々。

P・エクマンとW・V・フリーセンの「顔」の表情分析に関する仕事は、一九七〇～八〇年代の精神医学の分野では高く評価されたが、AI技術が進化した現在では少々古臭く感じる。『表情分析入門』（誠信書房、一九八七年）の原題 *Unmasking the Face*（1975）がまさに示しているように、「仮面を剝ぐ」ことによって我々は「真なる顔」と出会えるわけではないし、それは「顔だけ」を凝視／微視したところで、統計的には何らかのモデルが作れるかもしれないが、決してそこからその語用論／意味論的な広がりをカバーする理論が見出せるわけではない。むしろ、この衛生マスクの日常化は、少しこの「現実」を俯瞰してみることを我々に促しているようにも思える。

そこで我々は、まず繰り返し語られ刷り込まれてきた「面とペルソナ」（和辻哲郎、『思想』一九三五年六月所収）のテーゼを一旦括弧に入れてみることからはじめてみた。すなわち「顔が人の存在にとって中心的地位にある」というのは、あらゆる世界、状況、時代、環境に通底する真理であるのか――といったかたちで、疑問の裾野を広げてみようという試みである。

第四三回大会の特設Webサイトには、次のような少々「煽り気味」のリード文を掲載してみた。[*1]

マスクの日々が三年以上続いた。社会はことさらに対面を求める人々と、もう「顔パンツ」を脱ぐことができなくなってしまった人々との間に、新たな分断線を刻みつつある。表情に覆いをかけることがデフォルトになり、その意味論的な厚みを、われわれは忘れ始めている。その結果かどうか――ネット環境で日常化した、脊髄反射的に言葉がぶつかり合うストレスの中で、何かが組み替えられてしまったことは確かだ。

しかし「まてよ」と思う。われわれ人間は有史以来、顔に対しては常に両義的な態度を示してきたではないか？　覆いをかけることは情念を穏やかに抑えると同時に、表出を強化することでもあり、そこに心を覗きこもうとする視線を集中させる一方で、空間に乱反射させる鏡の役割をも果たしてきた。ただそれらの多くの経験、様々な解釈は、別々のコンテクストの中に散り散りになったままだった。

実際に企画した三つのセッションは、このコロナの時代に提起された「仮面mask／顔face」の関係への問いに対し、目の前にある現象をただ直接に掘り下げることのみはせず、各々ずらし方は違うが、いずれもメタレベルの光を当てる試みになっている――以下は、大会を終えた時点での実行委員長としての総括である。

*1　水島久光「開催にあたって」（日本記号学会第四三回大会特設ページ。https://www.jassweb.jp/43taikai）

第一セッション「能面と中間表情をめぐって――伝統表現・身体論からのアプローチ」では、わが国の伝統的な「仮面」として六〇〇年の歴史を有する「能」の「面（オモテ）」を題材にディスカッションを行った。「仮面」と「顔」の関係において、常にフォーカスされる「表情」の問題。それに対して世阿弥らは、演目・配役・謡・空間・身体所作を構造化することで、解釈を観る者に委ね、感情を情念化し、伝達されているかのようなヴァーチャル・リアリティを生み出した。消えた演目を現代によみがえらせるプロジェクトを行う能楽師と、自ら作品を制作しながら、彫刻の社会性・象徴性を観察し評論するアーティストのハイブリッドな対話によって、「能」という表現システムにおけるインターフェイスとしての「面」の役割を浮かびあがらせ、そこから「こころ」なるもののありかを指し示すことを試みた。

第二セッション「ロボティクスと心――情報技術・システム論からのアプローチ」では、「仮面mask／顔face」の関係の問いを、もう一回り大きな理論フレームから俯瞰した。存在と認識をつなぐテクノロジーとしての「記号創発ロボティクス」と「プラグマティズム」の思想的重なりは、単に機械が人間のように認識し、行動することが可能かという問いにとどまらず、そこに「解釈」というプロセスを設定する点にある。「仮面」というテーマに「ロボット」を持ってくるとついつい我々は「顔」が強調された「人型ロボット」の表情について考えがちである。しかしロボティクス技術の本質はそこにはない。まずそこから「人」的な要素を一度排除し、「人ならざるもの（機械）」を主体にして環境の解釈がいかに行われるかを考える。しかし、我々人間が「ロボティクス」を有用な技術として取り入れるなら、そこに人間との相互作用を想定しなければならない――この辺りに「仮面」の問題を「記号」概念を用いて解いていく際に、示唆を与える共通の「構図」

がある。そこに「心的過程」を設定するという仮説を示した。

第三セッション「拡散する顔と過剰化する表情――マンガ／TVドラマ論からのアプローチ」では、逆に「顔」に極度に接近する。今日のポピュラーカルチャー、メディア表象における「顔」に対する操作、特に増殖、強調といった極端に「顔」を意識する性向と、それに反応するように繰り出される、微視し分割しデフォルメし無数に社会に送り出していく実作者たちの技を、豊富な事例から確認していった。そこに見えてきたものは、今日のメディア自体に内包された「仮面＝マスク」性であり、その認識から逆照射されるものは「顔」のテクスト性である。と同時にこのセッションを通じて、我々は古くからの「仮面論」で言われてきたペルソナの問題に、もう一度戻ってくることができる。そこには我々が「顔」なるものに託してきたアイデンティティ、コミュニケーション、エモーションの交錯があることが見えてきた。

かならずしも十分な時間を用意することができなかったため、この第三セッションの議論は文字通り「拡散」したまま、大会は終了した。さて、この議論はどうやったら書籍としてかたちにすることができるのか――ともあれ、目的のひとつであった「仮面＝マスク」の日常化と「Mask／Face」の重なり（相互浸食、もつれあい）を解くための、「実際にマスクをするかしないかにかかわらず」マスクの問題を議論できる土台は、なんとか設定できたと思う。問題は、どのような手続きを踏んでそれを「読んでいただく」べきか。

そこで「セミオトポス18」を編むにあたり、このセッションの二と三の順番をひっくりかえすことにした。最初に「能」、次に現代のポピュラーカルチャーという具体例から入ったほうがいいと考えたからだ。さらには、この大会の分科会で「大会テーマ」に即して報告された論考（「マスクの記号論——仮面・覆面・猿轡」と「廣松渉の表情論再考」）を、大会冒頭でキーノート（問題提起）として報告した拙論「仮面の問い、再び」と合わせて、「能」と「ポピュラーカルチャー」の章の間に挿入した。

こうすることで、この本のサブタイトル（大会テーマ）が、なぜ「仮面と顔の記号論」ではなく「仮面の時代」なのかを示すことができるだろうと考えた。我々は皆、「仮面」が媒介する「心・こころ」と「身体」と「世界」の複雑な距離感と、そこで意味を交わしあうロジックの中に生きているのだ。そのスリルを、少しでもリアルに感じていただければ幸いである。

第Ⅰ部

能面を解題する

ディスカッション　能面と中間表情をめぐって

加藤眞悟・小田原のどか・水島久光（司会）

水島久光　このセッションでは、能楽師の加藤眞悟先生をゲストに、また彫刻家で批評家の小田原のどかさんをディスカッサントとしてお迎えして、いろいろとお話をしていきたいと思います。はじめに私の方から、導入をひとこと申し上げたいと思います。

能楽はご承知のとおり室町時代に始まった芸能で、演じられる能舞台も同様に長い歴史をもっていますが、皆さん、どれぐらいの方が実際にご覧になったことがあるでしょう。あ、随分いらっしゃいますね。経験のない方にとっても、能由来のポピュラーな物語は結構あって、『羽衣』とか『隅田川』[*1]とか、様々な芸能で継承されている題材をご存じかと思います。私は、能を理解しようとするときに一つ大切なことは、表現の構造性が非常に高いところではないかと思っています。舞と謡と囃子があって、役柄もシテ（主役）とワキ（対話者）とかツレ（主役の助演）とかありますが、そういう組み立てを記号的な配置として読みながら、議論していくのもとても面白いのではないでしょうか。

能の中で特に注目を集める対象に「面（オモテ）」があります。面にもいろいろ種類がありますが、中でも私が一番興味を持っているのが「女面」ですね。能面を代表するものとして紹介されることも多いですが、その表情についてはよく「中間表情」と言われたりします。決して無表情というだけではなくて、中間的な位置づけが与え

図1　水島久光氏

＊1　『羽衣』は有名な言い伝えをもとに、『伊勢物語』から世阿弥が謡曲をなした作品。『羽衣』の舞は世阿弥自身が重要なものとして伝承し、また『隅田川』は「狂女もの」の代表作として、歌舞伎や浄瑠璃の演目にも展開される。the 能 .com 演目事典　https://www.the-noh.com/sub/jp/index.php

られているという意味で……。もちろん能の世界も、面の世界も広いですけど、今日はこの「女面」の世界を入口にお話ができたらと思います。「女面」は三番目物[*2]と呼ばれている、主に女性が主人公とされる曲で良く用いられますが、そのあたりから。

ではさっそく、加藤眞悟先生のご紹介をしましょう。先生は一九五八年生まれで、故二世梅若万三郎および三世梅若万三郎に師事、現在、観世流シテ方をつとめられています。いま加藤先生が積極的に取り組んでいらっしゃることに「復曲能」があります。復曲とは、謡本が残っていながら今はもう演じられなくなった曲を組み立て直し、再現するという試みになるかと思うのですが、先生は「復曲能を観る会」も主宰されています。[*3]特に最近は、ご出身の神奈川県平塚市が、二〇二二年の大河ドラマでも取り上げられた『曾我物語』の舞台でもあって、その所縁《ゆかり》の人物である曾我祐成の恋人の虎御前をめぐるお話をいくつも復曲されました。

＊2　「能」には江戸時代に整えられた「五番立」と言われる上演形式があり、シテ（主役）の役柄によって演目を五つに分けていた。初番目物のシテは「神」。以下二―五番目物は各々「男」「女」「狂」「鬼」がシテとなる。三番目物は優美な女性の霊をシテとする作品が多いが、中には草花の精や典雅な男性貴族をシテとするものもある。舞を特徴とし、鬘物（かずらもの）とも呼ばれる。https://www2.ntj.jac.go.jp/dglib/contents/learn/edc9/play/program/gobandate/sanban01.html

図2　加藤眞悟氏

ここから先は、そのあたりも含め加藤先生ご自身に語っていただいた方が面白いお話がたくさん出てくると思います。能との出会い、先生が能を演じられるときや復曲するときに大事になさっていることなども合わせて、お話いただければと思います。

加藤眞悟　ご紹介いただきました加藤です。私は大学に入りましてから能と出会い、そこで、梅若万三郎家に弟子入りしました。大学で、学校の先生になろうかと、教育実習とかも受けていたんですけど、プロにならないかと誘いを受けまして、それでこの世界に入ったという経歴なんですね。なので原体験の「お客様目線」を残して能を演じている役者だともいえます。

能は「儀式半分」

長く勤しんでいると、気づくことがあります。能楽は日本の伝統文化なので、能楽師は修行をつむと、重要無形文化財として文化庁から活動を保護していただけるわけですが、私たちを支えている人たち、例えば能面や装束をつくる人たちにはなかなか支援がいかない、ということもあるので、自分でもどうしたらいいのかなと思っているところです。そのあたりの話は、またお話する機会があればと思いますが、ともあれまず長年やってて思うのは、「能は儀式半分、演技半分」だという点です。

　良い能をするというのは私たちプロの使命でもあるので、技術を磨いてお客様にお見せしなくてはいけないのですが、お客様目線でみたときに、いったい何が良い能なのか、何に感動するのかと考えて稽古や勉強を重ねていくと、「儀式の要素が半分ある」ということに気づきました。その「儀式」というのがある種の記号化した部分だと思います。

　例えば私たちは、楽屋の中で「音合わせ」ということは絶対しないんです。舞台の上で行う発声や楽器を鳴らしてみるとか、そういうことは絶対にしません。粛々とご挨拶をして楽器を整えて、衣装を整えて舞台に出ていく。そこで、今日の話の中心の「能面」ですが、それは別の部屋で、能面をつけるだけの特別の部屋があって（鏡の間）[*4]、お囃子の方はそこで初めて楽器を鳴らす。能を観たことのある方はご存じだと思いますが、幕の向こうから音が聞こえてきます。「お調べ」といいます。お調べは調律だと書いてある本もありますが、でも私たちには音によって霊魂が呼び起こされるのだという考え方があるんです。

　ボンボンという音に連れて霊が降りるその特別な部屋は橋掛りの幕の向こうで、舞台からは見えない。床の板目作りから言っても半分舞台であって半分楽屋の空間です。衣装は別の楽屋で着ますが、面だけはその部屋で付けて、そこでお囃子の方が初めて音を鳴らす。何をしているのかというと、能面に思いを落としていくのです。能面は思いの「依り代（よりしろ）」になっていて、能面に思いを宿して、それをつけて私たちは舞台に出る。そういう儀式的なことを毎回毎回やって、舞台に出る。だから「儀式半分」なのだと思います。

＊3　能・狂言は江戸時代の儀式芸能であったため、この時代に演出などが整えられた曲と、逆に途絶えてしまった非現行曲とに分かれることになった。「復曲能を観る会」は能楽師の、加藤眞悟、長谷川晴彦、古室知也、奥津健太郎が集い、こうした埋もれた貴重な文化遺産の発掘と復曲を目指し二〇一一年に設立。公演活動を続けている。復曲（復活上演）は詞章・節付・型付・囃子の手などが揃えば比較的容易だが、失われているものも多く、学識経験者なども交えた、さまざまな検討や創作的な作業が必要になる。https://hukkyokunouwomirukai.amebaownd.com/

＊4　能舞台の下手の橋掛りの奥、揚幕の内側にある部屋。大きな三面鏡が置かれており、演者（主にシテ方）は登場の前に床几（しょうぎ：折り畳み式の腰掛け）に腰を下ろし、面を着け、姿を映して気持ちを整え、出を待つ。鏡の間は幕の内側ではある

私たちには「能を執行する」という感覚があります。よく言われるのは、「後見」という後ろに座っている人の役割です。歌舞伎にもありますが、能の場合は何もする仕事がなくても常に後ろにいて、いつでも代われるようになっているんです。例えば、心臓が痛いとかいって、もう勤められないとかなっても、途中で能をやめることはできないので、その人が紋付き袴で扇を持って最後まで舞う。そして舞い終わったらまた後見座に戻って舞台が終わるというようなことも決まっていまして、必ず何があっても最後までやる。そんな準備も全部整えられているので、どこか儀式的な部分があると申し上げると、今日お越しの皆様には解りやすいのではないかなと思います。

鎮魂＝魂の向上

復曲能のことを水島先生がご紹介くださいましたが、室町時代から今までに作られた演目が三〇〇〇曲ぐらいあるといわれています。それは、世阿弥がつくったものも含めてです。ただし誰がつくったかというのは昔の人は書かないので、作者が解らないようなものもたくさんあります。

室町の後期頃から、能はどんどん変わっていく のです。貴族や武士、上流階級の人にも見せながら、庶民にも理解できるようなものに変化していく、という流れになってくるわけです。応仁の乱以降、能を落ち着いて鑑賞できない時代がやってくると、少し歌舞伎化してきました。演目も例えばご存じの『船弁慶』[*5]のような芝居がかったものがつくられるようになってきます。そして戦国、江戸時代になると武家社会になって、相手は貴族、庶民ではなく、武士が観るものになってくるわけです。そうすると武士を扱った能でもいわゆる武士道にそぐわないものは上演されにくくなる。そんな時代がやってきます。

「復曲」は、最初は地域おこしのような考えで、平塚に縁のあるものをやろうと思って始めたのですが、やってみると江戸時代を通さないので、逆に室町時代のことがよくわかるようになりました。江戸時代に上演されていない作品を復曲

が、舞台の板が部屋の中まで続いており、演者の意識としては舞台の一部である。幕の横には「連子窓（れんじまど）」という窓があり、舞台と見所の様子を見ることができる。

＊5　『平家物語』『吾妻鏡』などに取材した能楽作品。源義経、武蔵坊弁慶、静御前、平知盛を主な登場人物とし、前後半でシテの演じる役柄が代わるなど、華やかで劇的な構成・演出が特徴。https://www.nohgaku.or.jp/guide/commentary_funabenkei

するのですが、たぶん室町時代にはこう上演されていたんだろうと想像して遡るわけです。どうやるかというと、そうした曲は江戸時代に上演されなくても実は本が残っているのです。

皆さんにはちょっと分かりにくいかもしれませんが、江戸時代に上演されていた曲は二〇〇曲くらいなんですね。でも、いまでいうカラオケのように、演じられなくても能を謡って楽しむ文化があったのです。そういうものが別に三〇〇曲くらいあって、全部で五〇〇曲ほどが江戸時代に出版されていました。で、それが寺子屋の教科書になったり、広く庶民に親しまれるようになったりしていました。読み書きソロバンじゃなくて、読み書き音楽みたいなかたちです。寺子屋は今でいうと専門学校のようなものですから、謡曲としての能を奨励する寺子屋もあったようです。

その五〇〇曲の「謡本」の中には室町の後期から整備されて残っているものもあります。それらには「ゴマ」といって、譜面のようにしるしがつけられていて、それをもとに想像力を働かせるわけです（図3）。そもそも今の私たちがこれを読むことは難しい。「変体がな」*6は専門知識がないと読めないし、「ゴマ」の書きかたも時代によって推移していますから、簡単には解読できないのです。けれど、今の本と室町の原本を見比べて「こうだろう」と想像するわけです。専門の学者の方の力も借りて、上演されていない曲の節付けも想像して復元させていきます。そこで頼りになるものが「ゴマ」です。「ゴマ」は作業の共通認識を支える記号として働くのです。

私たちもプロですから、こういう詞（ことば）があればこういう型があてはまるだろうとイメージできます。能は構造的にできていますから、静かな所ではこういう型、クライマックスではこういう型とだいたい決まっているので、ある程度は想像がつきます。そこに創造性もつけ加えてつくっていきます。ともかく、これが復元可能だと信じて作業を進めるわけです。

今日は、その作業の中で発見したことをお話ししましょう。ご承知のように室町というのは、禅の

＊6　現在は使われていないひらがなの異字体。一九〇〇（明治三三）年の小学校令施行規則により、ひらがなは一音一字に統一されたため、変体仮名は消えてしまった。https://cid.ninjal.ac.jp/kana/list/

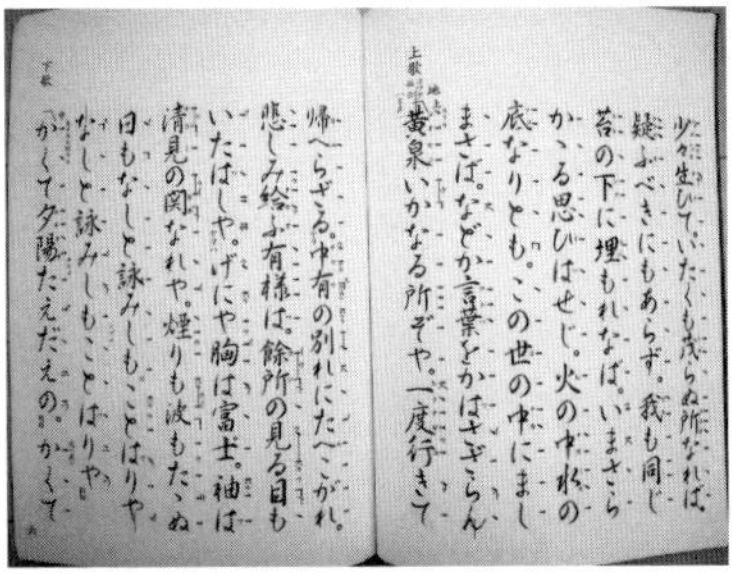

図3　詞章に振られたゴマ

文化が華やかな時代です。つまり一番トレンディなものはといえば宗教なんです。経済は明との貿易などによって、発展しましたが、逆にだからこそ、無駄なものは省こうというムードが出てくる。世阿弥も禅宗の一休さんと親交があったと言われて、禅宗の影響を強く受けています。しかし実際に復曲をしてみると、全てがそういうトーンではない。宗教的ではない、そうした理念に関わらない能があったんです。

私たちが上演する能は、基本的にレクイエムなのです。魂を鎮めるため、亡くなった人の魂を鎮めるという行為が能だと考えられています。だからこそ儀式的なことが大事になります。魂を鎮めるためには、その魂が向上しないと救われないわけです。世阿弥は浄土宗的な考え方をする人でもありました。

奈良仏教には勤行によって「祈り伏せる」という感覚があって、それを反映した作品も残っています。しかし、鎌倉時代以降の浄土宗的に言えば、その魂が変化していく、つまり魂が向上していくという作風が現れます。能の配役で「ワキ」というものがあります。主役の「シテ」が人間の報われない魂を演じている場合、「ワキ」はお坊さんになります。そしてそのお坊さんはただただ聞いているだけの場合も多々あります。何かを説教するかというと、しないんです。で、聞いてあげると魂がだんだんだんだん浄化される。そうした精神的な変化がよく描かれます。

例えば、浮気をされて恨みをもったまま死んだ人がいるとします。しかし話をしているうちに、初恋の時の気持ちが思い出され、こころがいっぱいになると、恨む気持ちが忘れられて、それで心安らかになりあの世にいける。世阿弥がつくった『井筒』[*7]という曲では、そうした精神的な変化が演じられています。どうも私はこのあたりが能の本質と関わっていると思うのです。

世界中から世阿弥の能は素晴らしいと言われる理由は、この精神性を極めた所にあるのではないかと思っています。しかし能には歌舞伎的なものや、いろいろな要素が入って今日に継承されてい

＊7　世阿弥の自信作といわれる三番目物、純愛を美しく描き出し、現代では「能を代表する演目のひとつ」とされている。『伊勢物語』二十三段を元に構成され、主人公の男女は在原業平とその妻であった紀有常の娘とされている。https://noh-sup.hinoki-shoten.co.jp/sh/17/ja

ます。精神的なものばかりではなく、見た目に解りやすいものが求められたりしました。そういう目で見ると、実は同じ室町時代でも、それほど宗教的ではない文化もあったことがわかってきたんですね。

能の現代性

平塚で復曲した能の原典の『曾我物語』は、曾我十郎祐成と五郎時致という二人の兄弟が親の敵、工藤祐経を討つという話です。でも見どころは敵討ちだけではなく、物語の中に出てくる恋人の虎御前という存在が重要なのです。皆さんはあまりご存じないかも知れませんが、『曾我物語』は六四歳で虎御前が亡くなったところで物語が終わる作品です。その虎を中心とした物語の一つに『伏木曾我』*8というのがあります。祐成が亡くなったあと、虎御前があまりにも悲しんでいるので、この世に祐成の霊が再び出てくる話です。お墓参りをするために、富士の井出の里に出かけて、祐成の落命した場所を探している虎の前に、祐成が心配して出てくる。虎にここだよって、仮の姿の祐成が案内してあげる。そのうち虎のこころが少し静まってくると、祐成が「心配しなくていいんだよ。敵も討ったし本望を遂げたんだから」って言う。それだけなんです。『伏木曾我』という能の中には、死んだ祐成の成仏という視点がないのです。

これは世阿弥的に考えると「何しに出てきたんだ、この人」ということになる。私も最初に本を読んだときにそう思いました。でもその「何しに」は、虎を元気づけてやろうとして「僕は向こうで元気にやってるから、心配しなくていいんだよ」と、それだけなのです。こういう能が存在しているのだと知ったとき、とても現代的だなあと思ったのです。『ゴースト』という映画がありましたが、ああいう風にいつも恋人の傍で「大丈夫かな」と見ている。魂がそうやって、この世に置いていった彼女のことを見守っている、そういう設定の能が室町時代に存在していたということを知ったときに、ああ、なんて現代的なのだろうと

＊8　仮名本『曾我物語』巻第十二ほかを資材とする二番目物。室町中期、作者不詳。
親の敵を討った末、富士の裾野で果てた曾我十郎祐成の墓所を訪ねるため、祐成の恋人の大磯虎（ツレ）と従者（ワキ）が井出の里にたどり着く。そこに現れた狩人（前シテ）は二人を祐成の墓所に案内すると姿を消す。夜になり虎が仮寝していると、夢中に祐成の霊（後シテ）が現れ、自らの不遇を語ったうえ、馬が伏木に足を取られ横転してしまった事件を再現して見せる（謡本『伏木曾我』梗概より）。

＊9　曾我兄弟の伝承。『宿直草』などを資材とする三番目物。江戸初―中期成立。
都方の僧が雪深い陸奥から相模国大磯までやってくる。ここで行き暮れて雪まで降っ

思いました。
　こういうことに気がつくのは楽しく、単に自分が楽しんでいるだけかもしれないですけど、そういう復曲をするという行為が記号を頼りにできるからこそ、わかる部分があります。実際に、能の中にたくさんある記号化した部分をピックアップしていくと、昔の資料からそれほど苦労しないで復元が行える。そういうことができる文化なんですね。

水島　ありがとうございます。いま先生がお話いただいた復曲のシリーズの謡本がこれ（図4）です。虎に関するお話は四曲あります。その中の最新作が二〇二三年二月に上演された『大磯』*9というもので、これもまた面白い話なんですよね。ご存じのとおり大磯は湘南海岸なので、雪は降らないんですよ。でも物語上は降るのです。まさに先ほど先生がおっしゃったように、これは弔いの話で、ワキで出てきたお坊さんに、弔って欲しいといって女は消えるんですが、このあとに、実は虎の化身が現れて、舞います。要は、回向していただいて弔われたので、「すっきりした」というような物語なんですね。それでは映像を見てみましょう（図5）。

加藤　（いまスクリーンでは雪女が舞っていますが、）実は「舞」という字は、漢字の成り立ちでいうと、もとは「無」と同じなんですね。それは「無」が「舞」という意味だったということなんです。もともとは巫女舞、雨乞いの舞で、それは神降ろしのときに巫女が舞うものだったのですが、神様がいるところなので、無という字の原形に神様の足跡を意味する「舛」という字をくっつけて、神様が踏み歩くという意味で、舞は今の字になったというわけです。
　なので、舞の本旨は「無になること」なんです。例えば観阿弥がつくった『松風』という曲は、「立ち別れ」のあとに七分くらいの「舞」が入って、そして「因幡の山の峰に生ふる松としかばいまかえり来ん」となるのです。つまり舞は「あのひと、必ず帰って来るって約束したのに……何で帰って来てくれないの？」と、こういう

てきたときに、火の光をしるべに一夜の宿を乞う。庵の女は貧しさから一度は寄宿を拒むが、僧を内へ招き、虎御前の弔いを頼む。女は自らが虎御前であることをほのめかし、姿を消す。僧が読経をしていると、虎御前の幽霊が現れ、南方無垢の世界に至ったことを告げ、雪の中で舞を舞う（謡本『大磯』梗概より）。

図4　加藤眞悟代表（復曲委員会）による湘南における『曾我物語』の謡本

気持を数分意味のない形で表現します。歌を詠むということは、そこに琴線にふれた時間があるわけで、舞はそれを永遠に引き伸ばすことをしているのです。つまり能の舞は、長い時間を費やして、その時その時の琴線にふれた感情の動きをずっと引き伸ばしている。そういう風に考えることができるくらい、構造的なのですね。

感情の象徴化と中間表情

さて、本題の能面の話をしましょう。これが舞台で使っている能面です（包みを開く）。能面をつけるだけの別の部屋があって、そこでお調べ（音色を確認するために音を出すこと）をしている間に能面に霊が宿るという話を先ほどしましたが、そもそも能面は変身する道具なので、男が女になる場合につけるものなのです。それから「般若」のように怒っている顔、そういう形相のときには仮面をつけなければならないですが、現実の

図5　『大磯』（第九回湘南ひらつか能狂言、2023年２月12日上演より。撮影：前島写真店）

男の人が現実の男の役をするときにはつけないんですよね。それを直面（ひためん）と言います。例えば『安宅《あたか》』*10の弁慶とか。ですが「直面」は、役者の顔がそのまま役の顔になりますという約束で成り立っているんですね。ですから、逆にこの素顔が役をやっているときは面なんだという考え方に則っているわけです。とすると、この直面も顔も同じ「仮面」じゃないかとなる。

能面をつける部屋（鏡の間）には実際に鏡があるんですが、鏡の前で面をつける前に、面へ拝（はい）をするんです。逆に舞台で役を演じ終わって面をとるときもまた、面へ拝をする。そして片付ける。つまり能面は特別な存在なんです。道具ですけど道具以上の扱いを受けていると思っていただけるとよいと思います。そして能面には「オモテとウラ」がある。というのもそこには、ある想いが象徴化されているのです。言葉を尽くさない（説明しない）で、「オモテ」に感情が宿され

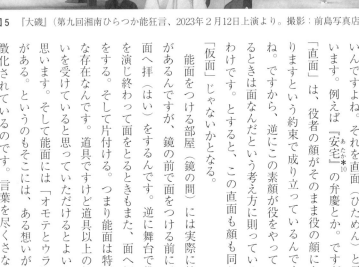

ているというわけなんです。

　これ（図6）は先ほど見ていただいた『大磯』の恋人役の面ですけど、あの世から現れたときに好きな気持ちが浄化して雪女として出てくるのですが、雪もまた全てを浄化する力がありますでしょう。敵討ちも浄化する。女性の平和的な役割なのです。男性は勝負がありますが、女性は平和を象徴していて、男性の敵討ちの想いを女性が清めて浄化してあげようという考えがある。ですから「女面」は穏やかな表情をしているのです。

　でもこちらの方は（別の面を手に取る）、皆さんの方からみていただくと、違いがわかると思うのですが、どうですか？　どちらかといえば、恋愛をするような面持ちより、もう少し乙女のような、小学生や中学生的な表情をしていると思いませんか。「小面（こおもて）」というものです。こういうふうにその能面によって表情の違いがつくられてきた。逆にこちらの『大磯』で使った「孫次郎（まごじろう）」の面は、少し「好きだ」という気持ちが強く、目が細いし、口角が上がっていて微笑みもあるんですけど、意志が強い印象。恋愛をするにしても、いろいろ微妙な顔の表情によってその思いが違ってみえますね。こちらの「増女（ぞうおんな）」の面は、口元が少し下降している。恋愛の感情がうまく表現できないというか、浄化しきれないわだかまりがある、みたいな。そう簡単には説明できない感情も「オモテ」には映し出されている。

　我々は、そうしたちょっとした表情の違いを使い分けていきます。皆さまはよく能面は無表情だという風に言われます。それを「中間表情」とかいう言葉で表すのかもしれないけど、逆に中間的な表情だからいろいろなことを伝えることができる。例えば般若だと、怒りの表情が中心になりますが、これくらいの面の傾きによっては、虚ろな表情とか、怒りが和らぐとか。このように上にあげればあげるほど虚ろな表情が増すとか、変化が見せられるので、中間的な表情のほうが、皆さんが受け入れる感情の幅が広がる。なので、あえて固定化させずに、中間的な表情を軸に、少しずつ

＊10　『義経記』などに取材した能楽作品で、成立は室町時代。義経主従が奥州に落ちる途中、安宅の関で関守にとめられ弁慶が偽の勧進帳を読んで難を逃れた逸話を描く。のちに浄瑠璃、歌舞伎などに展開された。http://www.tessen.org/dictionary/explain/ataka

図6　展示された「女面」（第九回湘南ひらつか能狂言、二〇二三年二月二二日@ひらしん平塚文化芸術ホール）

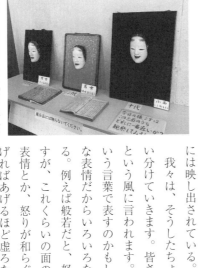

異なる感情の表出を使い分けるということなのです。

「オモテとウラ」の話に戻れば、オモテである感情の表出が行われているわけですが、能面には「裏」がありますよね。ウラを見ると実は作者がわかる。名前はないけれど、技量というか、技術が優れているか未熟かは、ウラでわかってしまうんですね。「ああ、この人はこういうふうに技術を習得して、能面を作ってきた人なんだろうな」とある程度想像ができてしまう。そうした苦労がわかるので、いちばん最後にこうしてお辞儀（拝）をしてつける作法を行うのですが、演じる前に最後に見るのは面のウラなんですね。

そしてそこに、私、加藤眞悟という人格、感情を持った自分を一体化させないといけない。ですので、この能面の気持ちにピタッとチャンネルを合わせる、そういうことを儀式的に行って舞台に出る。だから「この能面であの曲を舞いたい」という気持ちが起こらないといけない。それが能楽師だよ」と、私の師匠は言います。能楽師には、能面を見て感情を受けとる力がなくてはいけない。そうでないと我々はプロにはなれない。曲に書かれた感情の満ち引きを察して「舞ってみたい」と思って、能面を選んで、そして最後に能面の作者の「ウラ」と情念が表出された「オモテ」に自分の顔、要するに精神状態をあわせて舞台に出るという儀式を執り行っているのです。

感情が交差することへの関心

水島　ありがとうございます。一つひとつの能面を取り出していただきながら丁寧にお話いただきました。特に面のウラと自分の顔が合わさる瞬間のお話は、鳥肌が立ちました。さて、このあたりで小田原さんに入っていただこうと思います。
実は、小田原さんにご登壇をお願いしてから、一緒に先生の舞台を観ましょうという話になりまして、加藤先生にご相談をしたところ、ちょうど先月（五月）に上演された、同じ三番目物で、金春禅竹という人の作の『芭蕉』[*11]を拝見しました。先ほど、宗教とそうではない感覚の話も出てきま

*11　唐土の楚国、小水の畔に山居して毎夜読経を行う修行僧（ワキ）。庵の陰でその読経を毎夜聴聞していた仏法に詳しい女（前シテ）は、雪中の芭蕉が姿を現すことを告げて、鐘の音とともに姿を消す。やがて現れた芭蕉の精（後シテ）は、春夏秋冬の移ろいに無常を感じ、月下の舞を見せるが、秋風に露もろともに吹き散らされて、後には破れた芭蕉の葉が残る。「雪中の芭蕉」とはあり得ないものの例え（第二五回　加藤眞悟「明之會」資料より）。
https://katoshingo.jp/

したが、この作品は「草木国土悉皆成仏」という仏教的な考え方が主題になっています。でも設定や物語構造が非常に『大磯』に似ていて、前シテと後シテがあって、芭蕉の精になって最後に現れるという筋です。それをご覧になった感想も含めて、ここから先は、ご自身のご紹介とそれから問題意識のお話を少ししていただいた上で、小田原さんから加藤先生に問いかけをしていただくというかたちで、進めていければと思います。

小田原のどか　はい、小田原のどかと申します。先日五月五日の「明之會」を観に行き、客席から加藤さんのお姿を拝見いたしました。こうして同じ舞台に立てて、とても嬉しく思います。今回、水島さんから登壇のお声がけをいただいたのは、私が彫刻家として作品をつくり、彫刻に関する評論を手がけていることもありますので、「面（オモテ）」を交点としたご依頼かと認識しています。

私自身は、いわゆる石や木を彫るといった彫刻とは異なる方法で作品をつくっています。彫刻についての様々な制度であったり、歴史であったり、理論であったりというものを、多くの方とともに考えること、それ自体を作品として発表してきました。

日本記号学会には二〇一四年に入会をしました。二〇一一年から長崎に投下された原爆の表象に関する作品を発表していますが、この作品の背景となる長崎原爆碑に関する調査に対して、記号学会の研究助成をいただきました。

図7　小田原のどか 個展「近代を彫刻／超克する――雪国青森編」二〇二一年一二月二五日―二〇二二年二月一三日、国際芸術センター青森　https://acac-aomori.jp/program/odawara/

この写真（図7）は、国際芸術センター青森という公共施設の招聘により、二〇二〇年一二月から二〇二一年二月まで、個展を開催していただいたときの展示風景です。国際芸術センター青森が位置する八甲田山は「雪中行軍遭難」の舞台となった場所で、会場の近隣でも多くの兵士が亡くなっています。この遭難事件の弔いのために、近代日本最初の彫刻家・大熊氏廣が手がけた彫像を据えた慰霊碑が建立されています。

国際芸術センターがある八甲田山の表側と、犠牲者たちがたどり着けなかった山の向こう側には、十和田湖があります。十和田湖の湖畔には、彫刻家・高村光太郎の最後の彫刻作品である『乙女の像』が立っています。こうした八甲田山の「オモテとウラ」と今日のお話が、響き合うかもしれないと思っています。

能というものは極めて形式化されていて、記号論の観点からも多様な読み解きが可能というお話がありましたが、私が関心を持つのは、そういった形式とともに、感情の扱いについてです。能の大きな要素である、未練ですとか、悲しみ、そういったものに強く惹かれます。青森での個展では、雪中行軍遭難事件で死亡した兵士の墓標をかたどり、会場に再現することで、彼らの未練を考えたいと思いました。

そして、そこに彫刻を取り巻く近代の問題というものを重ねてみたいと考えたのです。会場には、高村光太郎の『乙女の像』の試作第一号の実物や、大熊氏廣が一九〇〇年代の初めに欧州でのブロンズ修業に出掛けた際に残したデッサンを並べて、大熊が彫刻を学んだ工部美術学校が用いていた油粘土と、高村が彫刻を学んだ東京美術学校が用いた水粘土を対置させました。歴史や、時間や、感情、想いを交わらせる場として、交差点をつくるような意識をもって取り組みました。

残念ながら、私の個展はコロナ禍での県の判断により、会期の折り返し地点の二〇二一年一月半ばで会場を閉めることになってしまいました。これにはいまでも未練があるのですが、会期が打ち切りとなったちょうどその日は、一二〇年前の雪中行軍遭難事件の出発日だったのです。くわえて、本来の会期の真ん中の日でもあったので、それ以降のもう半分の会期は、作品だけが会場にあり、誰も中に入ることができなくなりました。そうして無人となった個展会場が、いま生きているわれわれのためのものではなく、もう生きていない人たちのため、いまここにいない人たちのためのものに変わったように感じられました。

コロナ禍の表現者と能

コロナ禍では多くの芸術家が、制約のなかで表現に取り組まざるを得ませんでした。そこで今日

図8 小田原のどか氏

＊12 能の分類用語で、登場人物がすべて現実の人間である「現在物」に対するもの。神・霊・精などの超現実的存在シテが、ワキの僧侶、旅人などの前に現れ、土地にまつわる伝説や身の上を語る形式。世阿弥によって完成されたといわれる。https://www2.ntj.jac.go.jp/dglib/contents/learn/edc9/zeami/gyouseki/mugen.html

私は、近年印象的だった能の演目と形式にインスピレーションを受けてつくられた二つの作品と展覧会を紹介したいと思います。まずはチェルフィッチュという現代劇ユニットを主宰されている岡田利規さんの取り組みです。

ここでは夢幻能[*12]という形式を参照して、『挫《ざ》波《は》』と『敦賀《つるが》』という二つの演目からなる舞台作品が上演されました[*13]（図9）。一つ目の演目の「ザハ」というのはザハ・ハディドさんの「ザハ」です。前シテが日本の建築家、観光客がワキで、近所の人がアイで、ザハ・ハディドが後シテという配役になっています。

舞台は二〇一八年です。建設中の新国立競技場の工事現場に観光客が訪れると、そこに工事現場を一心に見つめる人がいる。話しかけると「そこに建つはずだったザハのデザインのスタジアムを思い浮かべているのだ」と答えるわけです。観光客が「ザハ案というのはデザインの評判がとても悪くて、コストも高くて撤回されたんじゃないか」と返すと、「非常に悪意あるキャンペーンにされてしまった」「コンペにはザハが勝ったにもかかわらず、私たちはザハとの約束を反古にしてしまった」「気の強そうな外国人の女性建築家であれば約束を破ってもかまわないと思っていたのは私たちだったのでは」といった会話がなされます。二演目目の『敦賀』は高速増殖炉の「もんじゅ」が亡霊として出てくるというユニークな演目です。夢幻能の形式を用いて社会批評的な作品を舞台化したことを、とても興味深いと思っています。

もう一つは、新宿の歌舞伎町を舞台にした現代美術の展覧会です。去年（二〇二二年）末に開催されまして、美術館や公共施設では開催することができない内容でした。歌舞伎町のコロナ禍の中で閉まったホストクラブや、ラブホテルの一室も会場となっていて、メイン会場は歌舞伎町の中の能舞台のある空間です。会場の入口で白い足袋を渡されて、「九相図」から始まり、ほかにも人間中心主義の批判が見て取れる作品が並びます。それらを見ながら部屋を進んでいくと、小さな扉の

＊13　岡田利規は一九七三年横浜生まれ、熊本在住。「コンテンポラリー能楽」を掲げる演劇作家、小説家。チェルフィッチュを主宰し、作・演出を手がける。二〇〇五年に『三月の5日間』で第四九回岸田國士戯曲賞。天才建築家ザハ・ハディドと高速増殖炉もんじゅを謡う『挫波』『敦賀』は、二〇二〇年、新型コロナウイルス感染症流行で中止となったが、二〇二一年二月、第七二回読売文学賞（戯曲・シナリオ賞）を受賞。
https://chelfitsch.net/

図9　『挫波』『敦賀』（チェルフィッチュ・岡田利規）

前で「足袋を履いて下さい」と指示されます。足袋を履いて扉を開けるとその先に能舞台が広がっていて、その扉が切戸口だとわかるという仕掛けです。足袋を履いて能舞台に立つと、床が振動しているのですが、それは一九八八年の九月から翌年の一月の、崩御の前日まで記録されていた天皇のバイタルサイン（血圧や脈拍などのデータ）を振動に変換したものです。崩御寸前の天皇の生命の鼓動が能舞台に響き、それを、足袋を履いた自分の足の裏で感じるという作品です。

『とうとうたらりたらりらたらりあがりららりとう』[*14]展（図10）という呪文のようなタイトルの展覧会でしたが、これは『翁』という能の演目の最初に言われる言葉を引いています。コロナ禍の中で、現代の演劇関係や美術家に能の形式や演目が大きな示唆を与え、能の想像力から触発された作品がコロナ禍で複数見られたことは、偶然の一致ではないだろうと思っています。

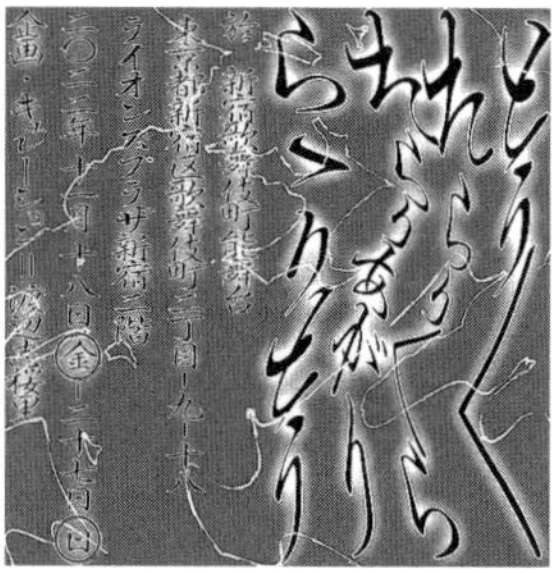

図10　『とうとうたらりたらりらたらりあがりららりとう』展（渡辺志桜里企画）

＊14　企画者の渡辺志桜里は一九八四年生まれ、二〇一七年東京藝術大学大学院美術研究科彫刻専攻修了。循環やエコシステムをテーマに各所で展示を行う。本展は能の最古の演目である『翁』を引用することで、人新世を私たちの「足元」から再考するプロジェクト。二〇二二年一一月二七日までの一〇日間と一二月三日四日、新宿歌舞伎町能舞台ほか二か所で開催。https://toutoutarari.com/

能面からの視覚と時間経験

水島　ありがとうございます。すごく面白いお話でした。加藤先生は室町時代の謡本の復曲を通じて、江戸時代を飛び越えて、室町時代にも宗教的な思考ではない、本質的な人間の恨みとかやりきれない気持ちをストレートに表現する作品を発見されましたが、ある意味そうした「能の現代性」と、小田原さんがご紹介された現代アーチストに能がインスピレーションをもたらしているという例とは、ずいぶん響き合うように思います。

小田原　そうですね。今日はせっかく先生が「オモテ（面）」を持ってきてくださったので、私からはオモテについて質問をさせていただきたいと思います。

まず実物の面を拝見して、視角や視野の狭さに改めて気づきました。写真を見るだけでは、演じる方の視野がどれくらいなのかわからなかったのですが、実際に見てみると、それはもう小さな「穴」のようで、しかもまた面自体が顔よりも少し小さな幅でつくられているので、さらに視界が狭くなりますよね。

加藤　能面の視界のことなのですけど、この面のウラにある〝ふとん〟を取ると目が切れていますよね。ちょっと分かりにくいかもしれないですけど、穴が開いている間が本当に小さくて視界が狭いので（誰かに体験していただけるといいんですが）前を見て演じていても、この教室の前列ぐらいまでしか見えないのですね。あと鼻の穴から下が少し見えるから、距離が近くにあるものはわかります。ですからそのおかげもあって、お面の中でどんどん集中力が高まる気がします。逆に「観られている」という意識がなくなるのですよね。羞恥心のようなものがなくなって、自分の思っていることがすっと出てくる。能面をしているほうが、自分の「こころ」の中のものが主《あるじ》として表現できるということだと思います。

小田原　五月に舞台を拝見して感じたことですが、能の演目の中には、激しい動きがあるものも含まれています。中でも『芭蕉』は、時間が引き伸ばされているような感覚に観客が陥るほど、ゆったりとした動きによる演目です。二時間近い長さということもあって、観ているこちらも、日常生活では絶対に経験することができない時間感覚の中に放り込まれる感じがありました。そこでお聞きしたいのは、加藤さんご自身は演じながら、観客、つまり他者の時間の経験を、どのように感じになっているのでしょうか。そしてまた、それらはご自身の時間の経験と、どのようなかたちで関わられているのでしょう。面（オモテ）の中では視野が極めて限られていて、そうした制約の中でご自身の意識にどういった変化があるのか、どのような感覚を持たれているのか、ぜひお伺いしたいと思います。

加藤　先ほど少し申し上げたように、感情が長く引き延ばされているのですね。舞を舞うということは、琴線に触れる出来事の時間を無にして、継続させているということがあるのだと思います。『芭蕉』という曲の主役は、芭蕉の葉っぱの精なのです。見た目には、花が咲かないので地味ですね。で、風がふくと破れちゃう。そういう華やかさのない儚《はかな》いものでも救われるという話なんですね。この曲でもお坊さんが出てくるのですけど、そのお坊さんの前に出てくる女の人は「とある女性」ということになっていて、人称があまりはっきりしない。たとえば世阿弥がつくった『井筒』では、登場人物は紀有常の娘と在原業平という個人名が特定されているんです。そういった曲では個人的な感情がよく表出されてその動きがわかるのですけど、『芭蕉』にはそういうものがなくて、ただお坊さんの前に出てきて弔って欲しいと言うのです。女人成仏という法華経の中にある考え方があって、それが表現されている。

もう一つこの話には「草木国土悉皆成仏」という実に哲学的な主題があります。草木ですらも成仏される対象であるという考え方です。仏教的解釈によると、お釈迦様は虫までしか救わなかったけれど、仏教成立の百年後にできた経典の中に「草木も救う」という教えが生まれてきます。その経典を日本に輸入するときに、空海と最澄が「日本には神道があるから、この草木国土悉皆成仏という考え方はそれに馴染む」といって布教され、先の女人成仏の考えと相俟って、特に日蓮以降、日本で広まっていくわけです。「草木国土悉皆成仏」という考え方は、究極には自然の方に理があるというもので、草木も成仏する対象と見ることは、宗教で人が救われるという考え方を越えて、とても哲学的ですね。自然そのものをみて何かを感じましょうという思想が加わっている証なんです。

死に方のデパート

金春禅竹という人が、そういう考えからこの『芭蕉』という作品をつくったのですが、そこで気になるのは『芭蕉』という題名ですね。禅竹はもしかすると三〇〇年先を予見していたのではないかと思うのです。「芭蕉」と言えば、松尾芭蕉を思い出しますね。どうして彼が「芭蕉」を名乗ったかという話ですが、『奥の細道』に出かけるときにお弟子さんが深川の庵に芭蕉を持っていったんですね。それで「あそうか、じゃあ僕は「芭蕉」という俳号に改めよう」と言って『奥の細道』に出かけるわけです。ではお弟子さんがなんで芭蕉を持っていったかというと、それは書いてありません。でも普通お弟子さんは先生が好きだから持っていくんですよね。そして庭に植える。たぶん松尾芭蕉は、能の『芭蕉』が好きだったのだろうと、想像できるわけです。

　江戸時代の文化といえば俳諧ですね。その文化の根本にある思想を一括りでいうと、自然をみて何かを感じるということなのだと思います。そういう少々哲学的な能を金春禅竹はつくっていたのです。実は私は大学時代に哲学科にいまして、あまり勉強はしなかったのですけど関心は持ってきました。梅原猛先生が二〇一〇年に、日本福祉大学で「日本思想の本質」という講演をなさっていますが、*15 そこで先生は「資本主義だ、社会主義だと、イデオロギーが世界的に行き詰まっている。こういうときに世界がどうなっていくかを考えたら、この草木国土悉皆成仏という思想が世界でも大事になるんじゃないか」と講義でお話されています。私は自分が内弟子の頃から修業をしながら、草木国土悉皆成仏は、良い思想だなあと思っていたのですが、梅原先生の講演録をお聞きして、ますます現代的な示唆があると感じ、未来に向かって能という文化はもっと可能性があるんじゃないか、ということを考えるようになりました。

　能は、先ほど「弔いの芸能」だと申し上げましたが、多少言い方は悪いですけど、見方を変えれば「死に方のデパート」なんです（笑）。つまりどのように死んだのかが隈なく描写されている。戦《いくさ》で死んだ人もいますね。「好きだ好きだ」という気持ちから病になって死んじゃう人もいる。あとは自殺。『采女《うねめ》』*16 いう曲は帝《みかど》に恋をしてしまう女性の話です。でもその思いが伝わらないから自殺をしてしまう。でもそれを弔ってあげるのも能なんです。一生懸命生きるということ、生きてた人がどういう風に命を再生させていくのかを書いてあるのが能なので、死を通じていろんな面から生に示唆を与える可能性がある。

*15　二〇一〇年七月一一日、国際日本文化研究センター創設者（当時顧問）の梅原猛氏を講師に招き、日本福祉大学が行った講演会。Webでその内容が公開されている。https://www.fukushi-shinsho.com/2010/07/00003.html

*16　『大和物語』などの采女伝説や、春日神社の縁起、『古今和歌集』の古歌など多くの題材を取り入れた作品。古作能を世阿弥が改作したものとも言われている。采女はいにしえの天皇に給仕した女性で、そのうちの一人が悲恋を語り、華やかに舞を舞うという演目。the能.com、演目事典

先ほど舞台の中で振動を感じる現代美術のお話がありましたが、過去の人の波動のようなものを何か自分の身体を使って、肌から感じてみましょうという狙いがあるかもしれないですね。「とうとうたらり…」という文言は、最初に巫女舞の「無と舞」の関係の話をしましたけれど、それが芸能化された『翁』*17という曲がありまして、その最初の呪文のようなものなんですね。あの世とこの世のつながりみたいな。はっきりとは言葉に出さなくてもそのような、どこかインスピレーション（波動）のようなものとして感じる、そして作品の中に表現するということが今も行われているんじゃないかな、という気がします。

小田原　どうもありがとうございます。私の報告に対してもたくさんのお答えをいただいて嬉しく思いました。「死に方のデパート」とは、本当にすごいことですね。そういう表現があるのかと、目が覚めるような思いがしました。

「マスク」とコミュニケーション

あと私から伺いたかったこととしましては、ここ記号学会のテーマである「マスク」「仮面」ということですよね。やっぱりここ数年のコロナ状況の中で、一層、一般の方たちにとって、マスクを身につけるということが否応なく身近になりました。そんな中で「仮面」だったり「ペルソナ」というものについて、何か加藤先生のほうでお考えがあれば、伺いたいと思います。

加藤　そうですね。やはりマスクについてはいろんな考えがあると思いますが、コロナの初年のころよく話されていたのは、「マスクの目にはウイルスは引っ掛からない」という議論ですね。お医者さんの医療マスクは一〇分、二〇分で交換しなくてはいけないということが話されていたけれど、いつの間にかそういう情報はなくなって、マスクがコロナの感染を予防する最大のものになっていった。今はもっといろいろなことが明らかになってきて、さまざまな議論があると思いますが、最初に言われていたことを忘れてますよね。

マスクをつけることが感染させない効果がある

*17　『翁』は一一五番目のどのカテゴリーにも属さない「別格」の演目といわれる。いにしえの猿楽に由来し、老体の神が寿福を祈願して舞うもので特に物語はなく、開演前から神聖な儀式の独特な雰囲気がある。the 能.com、演目事典。

ことが常識になって、私たちがマスクをつけるってことはどういうことなのかを一生懸命考えるわけですよね。で、それにあわせて「マスクをつけると感情が伝わらない」という議論が出てきて、子供たちが可哀想だという声があがる。でも社会を守るためにマスクはしなくちゃいけないし、ワクチンもしなくちゃいけないと。でも私たち役者からすると、マスク（仮面）をつけることによって、自我が解放されるということは長年経験してきたわけですよ。ですので、子供たちがマスクを外せないという話を耳にしても、「あ、そうだよね」って思う感覚がどこかにあるんですね。三年間慣れ親しんだマスクというものを介して、「半分仮面をつけることによって、逆に自由に話ができる」ことを経験した三年間ですから。目と目だけで会話をするという。目は口ほどに物を言うという文化の中で、会話をするというようなことが養われてきて、それはそれなりの理があるのではないかということは思ってますね。

小田原　今日伺った中では、オモテ（面）を着けて制約されることによって、いっそう内面に向かっていく、というお話がありましたね。これはとても興味深いことだと感じます。ぜひ水島さんからもお話を伺いたいです。

水島　そうですね。正直に言うとこのセッションを企画した頃には、日常的な薄っぺらな感覚で「能面は無表情な中間表情」だと決めつけちゃうところがあったように思うんです。でも実際、先ほどの加藤先生の面を持たれながらのご説明にもあったように、お話を伺うと本当に微妙な違いがありますよね。だから、その面をつけることによって、逆にデリケートな部分を表現しようとする、いわゆるアーチストとしての創造性が出てくる。でもそれは高度に洗練された能の芸術性だからそうなのかというとそうでもなくて、我々の日常でも先生がおっしゃったように、マスクをすることによって始まったコミュニケーションがあるってことだと思います。例えばマスクで表現することもありますよね。私もいまグレーのマスクをしてますが、みんな最近色付きのマスクをしていて、自分のメイクと合わせるからベージュ色を好む人もいます。見ているといろんな形状もあって面白いんですよ。マスクをする日常生活というのも、多面性があって、面白いなと思います。

情報量と抑制（コントロール）

加藤　そうですね。たぶん、マスクをつけるということは日本に合っている文化なんだと思うんですよ。世界で日本だけがマスクしているって言われますけど、日本では文化的な土壌のなかにはまったのではないかと。

水島　このあたりはもしかすると、他のセッションの議論につながる点かもしれないですね。たとえば、私たちの顔はものすごく表情が出ちゃうものでして、そうした「うっかり出ちゃう」表情に対して、自分で抑制したいという気持ちがあったり、一方でそれがあるからこそ、表象されたもの、描かれるものに関してはものすごい奇抜な顔をつくってみたりとか。ある種の「顔の両面性」ですかね。顔はいろんな情報を抱えていて、私たちにはそれをなんとかロボットのようにコントロールしたいという気持ちがある。もちろん能は日本で育った文化ですから、日本の文化を土壌にした話を加藤先生はお話になりましたが、ヨーロッパや世界の様々な地域にもマスクはあって、顔に対する考え方にも両義性があり、それは多かれ少なかれ普遍性があるのではないかと思うのですが。いかがでしょう、小田原さん。

小田原　実際に能面を見ての感想ですが、今日まじまじと実見しまして、お歯黒の表現など、口元に視線を向ける意味合いの変化を感じました。コロナ禍によってマスクに覆われていて、他人の口元を見ないですんでいたということが意識されたんです。般若については、一見すると女性かどうかわからないけれど、覗き込んでみると、ああ、お歯黒をしているから女性だなと気づけました。能面における口元の役割や集約された情報に気づけたというのも、とても面白いことでした。

加藤　お歯黒の文化に関連してですが、この能面をよくみてみると、眉がここ（上の方）に描いてあるんですね。貴族の方の昔の描きかたですよね。これは何かというと、人間は怒ると表情にでますでしょ、すると眉毛が動くんですよね。ところが眉を上の方に描くと、感情で顔の表情が動いても眉毛が動かない。感情がすぐにオモテに出ないために上に描いてあるんですよ。

小田原　そうなんですよね。眉毛はもともとあったものは剃り落としてしまいます。

加藤　顔の上の方に眉を描くというのが貴族文化ですよね。そうすると貴族たちは、感情を削ぎ落とす文化の中にいたんじゃないかという想像ができる。それは水島先生もおっしゃるような、ある種のロボットのようなかたちの中で何かを表現する、象徴化することとどう関係しているのか。感情もね、恋の悲しい思いも象徴化されて一つのかたちにまとまって、それでみんなと共有できる。それが能面という微妙な表情の差異の中で行われていることなのではないかな、という気がします。

小田原　そういう意味では、オモテ（面）にはたいへんな情報が詰まっていますよね。抑制されているからこそ、舞台をとりまく者たちの意識を集中させる機能もあるのだということを、あらためて思いました。

彫刻になる

加藤　能はどうしてあんなにゆっくり、動かないように動くのかということについても申しあげないといけないですね。実は能の世界では、能面が最大の表現手段なんです。能面の表情をどういう風に使うかを中心にして能はできているんです。身体の動かし方は、能面の表情を感じ取ってもらうためにある。だからこそゆっくり歩いたりするわけですね。正面を向くときもゆっくり動く。自分の身体が仏像になるように努力しているのです。

私は能面とともに、自分の身体も木になり、「彫刻のようになる」のだと思っています。彫刻になれば、感情にあまり左右されないですよね。変な言い方ですけど、役者のこころは「好きだという感情を表現するんだ、報われないという気持ちを表出するんだ」ということを指示しているんですけど、身体の動きは真逆で、そういうことに左右されないで、いかにロボット化した動きの木のような存在になって、「動く時の能面の表情を皆さん感じ取って下さい」「悲しいでしょ」って思いをいかに共有できるかって動き方をする。役者の側では感情を一度ゼロにするようなことを、身体的には行っているのですね。

小田原　「彫刻になる」というお考えは、これまでどこかでお話されたことや、お書きになったことはありますか？　とても興味深いご発言です。

加藤　子どもを対象にしたワークショップなどで、そういう言い方をすることはあります。わかりやすいので。「みんなでお能を勉強しましょう」というときに「木になる練習ですよ」って。みんな座るとき、膝を折って座るわけですよね。でもそれは人間の仕草なんです。そうじゃなくてこうやって、筋力が必要なんですけど、スクワットと同じように中間的な体勢を整えるわけですね。そうして「木になるんですよ」って子どもたちに教えながら、舞台のときは自分でもそういう気持ちで演じています。

小田原　ありがとうございます。とても示唆に富んでいると感じます。これは私の持論ですが、Black Lives Matter 運動で南軍の彫像が引き倒されたり、撤去されたりしたように、彫刻には人の感情が投影され、社会の変化の映し鏡にもなります。「彫刻になる」とは、身体の有り様の話であるとともに、社会の中での有り様ということにも関係しているように思えます。今日のお話で、これまでの自身の考えの視野をいっそう広げていただきました。

水島　楽しいお話、ありがとうございました。

ディスカッションを終えて——「離見の見」

加藤眞悟

この度は、日本記号学会、第一セッションにお招き頂きまして、ありがとうございました。

実は浅学の私は記号学という学問をよく知りませんでした。セッションへ向けて水島久光先生と度々打ち合わせをさせて頂きましたとき、夕陽を見ると浮かぶ情念があり、これも夕陽という記号であるとお聞きしてなんとなくわかり始めました。『記号学研究13　身体と場所の記号論』（一九九三年）、『記号学研究18　聲・響き・記号』（一九九八年）を読ませて頂き、広範な分野にまたがる文化社会学であることを知りました。

能面と復曲能を柱に記号という視点からお話させて頂きましたが、はたして内容が記号学に叶っていたのでしょうか？　このセッションを終えてふりかえりますと、能の台本に書かれている人の思いの表現、伝達方法を改めて考えるきっかけを頂きました。

能面にはいろいろな情念の表出が可能で、能面を照らし（上へ向け）、曇らせ（下へ向け）て、身体の角度をそれに合わせて変えることで伝えます。しかし、身体そのものの動きにはサシコミ、ヒラキ、左右、打込みなどといった特定の情念の意味を持たない型も連続します。この意味を持たない型も記号であるという思いに至りました。

台本に書かれた思いを表現するには、その思いに共鳴しつつも、この記号のピースを組み合わせて作り上げるという客観性が古来よりあったことを実感しました。この記号の精度を高めることが技でもあると理解できました。

世阿弥の言葉に「離見の見」があります。演者が、自分を離れ観客の立場で自分の姿を見る、自分の演技に客観的な視点を持つことをいいます。この大切な演技表現も記号という視点を持っていると、自分の技の組み立てを実践していながらも、離見という客観性を持ちやすくなると思いました。

禅問答のようなお話ですが、私どもの大事な奥義に近づく気づきを得ることができました。ありがとうございました。

小田原のどか

お招きいただいたセッションでは、コロナ禍で能に示唆を受けてつくられた現代演劇や現代美術の展覧会を紹介しました。もう一つ、能に触発されたとても興味深い取り組みを知る機会がありましたので、ここで紹介させてください。

二〇二二年から、塩竈市杉村惇美術館で開催されている若手美術家の支援プログラムの審査員をつとめています。公募でプランを募り、美術館で個展ができる機会を提供するというものです。二〇二三年の公募（展示は二〇二四年夏）で私が最高得点をつけたのは、五番目物・貴人物の世阿弥による能『融《とおる》』を参照した作品プランでした。『融』は、在りし日の面影を失ってしまった、かつての左大臣・源 融《みなもとのとおる》の大邸宅跡地で繰り広げられる演目です。

塩竈の風景を愛した融《とおる》は、海のない京都の自邸の庭にこれを模し、毎日難波津から潮水を運ばせて塩を焼いたとされます。応募プランは、この『融』を下敷きとしつつ、視覚によらず音響のみを軸とした内容で、感銘を受けたのは、『融』に描かれた「再現された塩竈」を現実の塩竈と重ねるだけではなく、塩竈市杉村惇美術館の最寄り駅である仙石線・本塩釜駅にも着目し、仙台と石巻をむすぶ仙石線という単線の時間軸の折り返し地点に位置する本塩釜を、過去と現在の折り返し地点になぞらえたことでした。この作品プランを考えたのは、土井波音《なみね》さんという若手美術家です。

加藤さんと水島さんのお話を受けて、能から発想された展示プランの可能性に気がつくことができました。なぜ、このように現代美術家は能に触発されるのか、近い将来、しっかりと論じたいと考えるきっかけをいただいたとも思っています。

水島久光

「能」は難解な伝統芸能という印象をもたれている方もいるようですが、今日でも多くの能楽堂は、全国の繁華街の一等地にあり、その公演は熱心な愛好家で埋まります。また、世阿弥の『風姿花伝』に記された考え方は、様々な表現芸術・文化事象に波及し、また題材も非常にポピュラーで、実は知らず知らずのうちに、親しんでいることも少なくありません。それを支えているものが様式の洗練だと思います。

骨組みをなしている形式や構造に「意味」を宿すという行為は、我々の日常的・普遍的な記号過程に通じている――そう予感し、このセッションに臨みましたが、お二方のお話を通じて、その読み解きにとどまらない、深淵を感じるアンテナが新たに得られたように思います。私たちが普段「こころ」という言葉に託し、あるときは封じ込めてしまっているような前言語的なモードが、どのように身体や空間と結びついて感情、情念、意味を生み出しているかが見えてきました。きっと過去の多くの人も経験したであろう、そんなたくさんのことがらを編み合わせて、なにかを表現してみたいという衝動に突き動かされるような時間をいただきました。

ありがとうございました。

第Ⅱ部

仮面と顔、その温故知新

マスクの記号論――仮面、覆面、猿轡

吉岡　洋

はじめに

本稿で展開する考察の元になったのは、第四三回日本記号学会大会（二〇二三年六月一七・一八日、東海大学）において行った個人研究発表の原稿である。学会発表とはいえ、私はそれに相応しい形式や文体をあまり意識することはなかった。その理由は第一に、厳格な学術的枠組みに従って話したり書いたりすることに、私はほとんど興味を失っているからである。第二には、知的探究を表現する言説一般が、今やこれまでとは別な形で実現されるべき段階に来ていると、強く感じているからである。端的に言えば、いわゆる「マトモな」学会発表的な作文は、まもなく生成系人工知能によって完全に代行され、人間が書くものとまったく区別がつかなくなり、無尽蔵に生産可能になるだろう。

誤解を避けるために付け足すなら、私はそのことを人間の尊厳をおびやかす脅威であるとか、学会や学問的活動にとって危機であるというふうには、まったく考えていない。むしろ反対に、この状況によって人は、そもそも思考するとは何か、書くとは何を意味するのかという、知的発話の原点へと立ち戻るように促されると思う。人工知能は、人間のライバルではない。人工知能が人間に示唆しているのは、むしろ人間はこれまでとは別なことをした方がよいということである。それは、学問研究をより深い意味における人間の言語活動として再組織すべきである、ということを意味している――そのように私は理解している。そして日本記号学会は、こうした時代的変化に敏感であり、また多様な言語実践に対して寛容であることを信じている。

さらに第三の理由がある。それはこの考察のテーマが他でもなく、仮面・マスクに関わることだからである。過去三年間、医療用マスクがこれほどまでに露骨に政治的意味を帯びたことはかつてなかった。とはいえ、より広い視点からマスクを仮面的なるものの一種だと捉えてみるならば、仮面が政治的意味を持つことは歴史上広く観察され、その背後には呪術的・魔術的な系譜も見出すことができる。仮面という、身体と外界とを隔てる境界面には、権力が集中して現れる。仮面とは怪物である。こうした怪物と闘うためには、私程度の学識を持ってしては、クソ真面目な学術的文体で身を護ることができない。ある種ヤケクソに自分を晒すしかないと思った。それがこうした発表スタイルを選択した最後の理由である。

さて、とにかくマスクについて考えてみたいのである。より正確に言えば、"Mask"と「マスク」について。私たちはこの三年間マスクに悩まされてきたし、その騒動は今もまだ完全には終息していない。このちっぽけな、取るに足らない布の断片をめぐって、高い教育を受け、発達した科学技術を誇っていたはずの二一世紀の私たちが、まるで邪悪な霊の侵入に怯える未開人――そうした未開人イメージ自体が「文明人」によって作り出された幻想ではあるが――のごとく右往左往させられ、相互の反目と分断へと煽り立てられてきた。

大学院生の頃、アドルノとホルクハイマーの『啓蒙の弁証法』を読み、進歩と文明化が同時に暴力と野蛮を産み出すという洞察に、私は大きな影響を受けたが、今から振り返ってみると、そのことを当時は、彼らユダヤ知識人たちにとってのファシズムの経験という、特定の歴史的文脈において理解していただけであった。言ってみれば「他人事」であった。新型コロナ感染症のこの三年間は、「啓蒙の弁証法」が教えていた知識と蒙昧の同時進行という事態を、生身の現実として痛切に思い知らされる機会となった。しかしこんなことが起こるまで分からなかったとは、哲学研究者として不明の至りである。

マスクは、一見ちっぽけなつまらないものであるからこそ、そこには権力が不可視な仕方で集中し、大きな政治性を持つようになる。そうした現状を踏まえて「仮面」というトピックを取り上げた今回の大会企画者の方々には、大いに敬意を表したい。と同時に、「仮面」と「マスク」とはもちろん同じものではないという認識から出発する必要がある。また「仮面」と関連するものとして「覆面」がある。そこで、私はこれら一連の記号を整理することから始めたいと考える。

まず英語の"mask"に注目してみよう。"Mask"という英語は、主として日本語の三つの言葉に翻訳されている。すなわち、①「仮面」、②「覆面」、そして③「マスク」である。

このうち、①「仮面」という日本語は強い西洋的な連想を伴っている。この言葉は「仮面舞踏会」「鉄仮面」「仮面の騎士」といった、ゴシック的あるいは歴史的なイメージと結びつき、また『仮面の告白』（三島由紀夫）のような文学的比喩を導く抽象性を持っている。それに対して②「覆面」は、特定の目的のために正体を隠すという機能に重点が置かれ、「覆面レスラー」や「覆面パトカー」、さらには公正性が要求される審査などにおいて審査する／される者の名前や所属を隠すことに関して、この語が用いられることがある。最後に③「マスク」は、日本語としては医療用あるいは作業用マスクを主に意味し、その役割は隠すことよりも遮断すること、すなわち唾液の飛散を防いだり、粉塵や花粉などの有害物質の吸引を抑制することにある。

これらそれぞれについて、順を追って検討してみたい。

①仮面

「仮面」とは、たんなる顔の覆いではない。それはむしろ、もう一つの顔である。仮面とは、顔の二重化なのである。仮面は、とりわけ演劇的な想像力を刺激する。古代ローマにおいて役者が頭に被っていたものが仮面(persona)であり、それが英語"person"の語源であることは広く知られている。"Person"は「人格」とも翻訳される。人格といっても、personとは自己の内奥に隠された「私自身」というよりは、他の人々から見られる自分、社会に対する「私」である。つまり"person"とはどちらかというと外向きの顔なのだが、翻って、そもそも外に向かわない顔など存在するのか?という問いを、この"person"という概念は投げかけているように思える。

外向きの人格・キャラクターという意味は日本語の「仮面」にも引き継がれている。社会に向けられた表層として人格の奥に私自身の「真の」人格があるわけではない、ということを仮面は教える。仮面を被るとその中にある顔は物理的には隠されるが、しかし隠すことが仮面の目的ではない。隠すことではなく、その内部にある存在を、仮面が表す別な存在へと変容させることこそが、仮面の本質的な働きなのである。

言い換えれば仮面には、自己変容へのドライブが最初から組み込まれているということである。まず本当の顔があって、その上に仮面が被せられるのではない。むしろ仮面によってその下に隠された、到達不可能な「本当の顔」という空想が作り出されるのだ、と言うべきだろう。

川端康成の『山の音』の有名な場面を連想する。自らの老いを自覚し死の予感に怯える主人公の信吾は、息子の嫁である美しい菊子、夫が他に女を作っていることを知りながら黙って従う菊子に対して、憐れみを越えた密かな恋情を抱いている。信吾は菊子に、戯れに自分が手に入れた慈童の面を付けさせてみる。慈童というのは『枕慈童』（観世流では「菊慈童」）という演目で用いられる能面で、周の穆王《ぼくおう》に愛された美少年を表すものである。

艶かしい少年の面をつけた顔を、菊子がいろいろに動かすのを、信吾は見ていられなかった。

菊子は顔が小さいので、あごの先もほとんど面に隠れていたが、その見えるか見えないかのあごから喉へ、涙が流れて伝わった。涙は二筋になり三筋になり、流れ続けた。（川端康成『山の音』）

仮面を付けることによって初めて、菊子の「本当の顔」らしきものが感じられる。だがこの「本当の顔」は、いってみれば、隠されることによって現れる存在である。出現であると同時に隠蔽として、原理的に解けない一つの謎として、その顔は私たちに迫って来る。こうした謎を生成するのが、仮面の基本的な機能なのである。

とはいえ、謎の本質はそれが解けないことにではなく、それを解くことへと私たちを誘惑するという点にある。私たちは本当は、謎が解けるなんて思っていないかもしれない。それでも人はこの誘惑に抗うことはできないのだ。

仮面という謎を解く一つの方向性は、仮面とその下の顔が接近、融合することである。仮面をめぐる謎の最たるものとして「鉄仮面」をめぐる空想の迷宮があるが、この迷宮の扉には更なる謎が繁茂しているので、今はその入口を通り過ぎるだけにしておこう。たとえば鉄仮面に関しては、それを付けた人物が誰かという謎以前に、多くの伝承において仮面は鉄製でないにもかかわらず、

「鉄仮面」(masque de fer) という呼称が広がったという謎も付随している。

楳図かずおのマンガ『笑い仮面』は確かに鉄製であるが、これは「鉄仮面」という言葉から喚起されたものではないだろうか。着想源の「鉄仮面」とは異なり、この物語では、仮面を被る人物が誰かという謎は存在しない(それは「アリ人間」を研究している式島博士である)。だが彼は頭に鉄製の仮面をすっぽり被せられ、その継ぎ目が溶接されてしまう。それによって彼の顔は物理的に到達不可能になり、彼は否応なく「笑い仮面」に変成せざるをえなくなる。仮面とその下の顔との融合を最も強引に実現する空想と言える。

仮面と顔との融合を示すまた別なバージョンは「肉つきの面」である。これは、面が顔から取れなくなるというものだ。有名なのは越前国吉崎御坊の嫁威谷《よめおどしだに》(現在の福井県あわら市吉崎)に伝わる伝承で、意地悪な姑が鬼女の面を付けて嫁を脅かしてやろうと企んだところ、その面が顔の肉と融合して取れなくなるという話である。教訓としてはあまりに分かりやすすぎる物語であるが、これが伝承されてきた理由は、仮面が顔の肉と癒着するという空想の魅力によるものではないだろうか。

三島由紀夫は自作『仮面の告白』をめぐって、告白の不可能性と告白文学の可能性を説明するために、この「肉つきの面」という空想を引用している。

> 私といふ一人物にとつては仮面は肉つきの面であり、さういふ肉つきの仮面の告白にまして真実な告白はありえないといふ逆説からである。人は決して告白をなしうるものではない。ただ稀に、肉に深く喰ひ入つた仮面だけがそれを成就する。(三島由紀夫「作者の言葉」『仮面の告白』)

ここで解釈されている仮面の謎は、厳密には破綻していると言わざるをえない。告白する仮面とはもはや仮面ではないのではないか、とツッコまれてもしかたないからである。言い換えれば「肉つきの仮面」という比喩は、まだ仮面の下に本当の顔があるかのような連想を引きずっている。肉つきの仮面だけが告白しうると言う代わりに、告白という行為によって仮面とその下の顔という対立が不断に作り出されるのだ、と三島は書くべきであったのかもしれない。

そもそも日本語の「仮面」という言葉における「仮」という字が、ミスリーディングなのであろうか？　それによって、生身の「本当の」顔があり、その上に「仮」に被せられる面があるかのような理解へと、私たちは導かれやすい。仮面と顔との関係は、まったく逆に考えるべきかもしれない。仮面が登場することで、それまで時間的に先行してきたかのように思えた生身の顔は、自らの存在の希薄さを突きつけられる。仮面に出会うことで、顔はもはや顔ではなくなってしまうのである。それが再び顔を取り戻すためには、仮面と同化するしかないという状況に追い込まれる。そういうことではないのか。

さらに、仮面は本当は顔を覆う必要すらないのではないかとも思われるのである。私は人形浄瑠璃のファンなのだが、周知のようにこの芸能においては、主要な役の人形は三人の人形使いによって操作される。左手と足を担当する二人は黒子であるが、かしらと右手を操る主遣《おもづか》いは、裃を着て生身の顔を晒している。その表情は横にいる人形のそれと同期するが、次第に人形の顔が人間の顔を支配しているような幻覚が増してくるのである。

仮面の謎はまた、仮面と顔との融合というのとは正反対の方向へも、人を誘惑する。それは、仮面の下を求めた結果、そこには何も存在しなかったことを発見するというストーリーである。仮面が「仮」面である限り、私たちはそれを取り去って、その下に何があるのかを知りたい、と私たちは欲望する。仮面の下にまた別な仮面があったりして、欲望は昂進されてゆく。だが、ついに最後の仮面を剝がしてみた時に私たちが遭遇するのは端的な不在なのである。この不在との対面は、恐怖の瞬間である。

ここで仮面は「欲望」の構造それ自体に接近している。ルイス・ブニュエルの『欲望の曖昧な対象』（*Cet Obscur Objet de Desir*, 1977）を思い出す。と同時に、それは現代のネット文化における「VTuber」（バーチャル YouTuber）の中に実装されているという気もする。VTuber を見る時、私たちはそこに「中の人」（仮面の下の本当の顔）が存在することを前提しているが、もしかすると中には誰もいない（つまり、語り手は人工知能によって生成された人格であった）のかもしれない。この場合は人工知能それ自体が、こうした中身が空っぽの「仮面」そのものであるとも言える。

不在がなぜ恐怖と結びつくのか。エドガー・アラン・ポーの「赤死病《せきしびょう》の仮面」（The Masque of the Red Death, 1842）がもたらす、恐怖のクライマックスを思い出しておきたい。黒死病つまりペストを思わせる疫病を避けるべく、国王は臣下とともに城に立てこもる。城内で仮面舞踏会が催され、その中に赤死病を思わせる仮装をした謎の人物が現れる。王たちは激怒し、その人物を追い詰めて仮面をはぎ取ってみると、なんと、その下には何もなかった。つまり仮面の人物とは最初から疫病（赤い死）そのものであった——したがってそもそも「仮面」などはじめから存在しなかった——のである。マスク、その下の不在、そして疫病への恐怖。

②覆面

次に"mask"の第二の訳語である「覆面」について、少しだけ考察しておきたい。覆面は、仮面よりもはるかに合理的に理解できる対象である。覆面とは正体を隠すための手段であるから、覆面の下に何もないというような事態はあり得ない。人が覆面を身につける意図は、仮面を被る意図に比較すれば、単純である。

とはいえ物語的想像力の中に登場する覆面は、必ずしもただ隠すための手段に限られることはなく、覆面をした人物がやがてキャラクター化し、それによって仮面的な属性を引き寄せることも少なくない。「覆面レスラー」はそれが誰かは同定できないとしても、「覆面レスラー何々」として、特定の名前で同定されている。物語の、あるいは実在のタイガーマスク。その意味では覆面と仮面とはクリアに切り分けることはできず、オーバーラップしている。

覆面は「隠す」ことに主眼が置かれるため、それが覆い隠す正体は物理的な顔面だけではない。ある行為をなすものが誰かを知らせない必要がある時、知らせないための仕掛けが覆面と呼ばれる。「覆面調査」においては、調査員が覆面をしている必要はなく、むしろ何気なくふつうの顧客のフリをして店などを調査することが行われる。この場合の「覆面」は、その人が誰かということではなく、その人が行なっていることが調査であるということを隠しているのである。

落語家桂枝雀の創作した新作小話の中に、いわゆる「覆面パトカー」に言及する不思議な雰囲気を持った小話がある。枝雀はその新作落語の世界で、自分自身のアルターエゴとも言える、脱俗的な仙人のような雰囲気をもった「スビバセンおじさん」というキャラクターを創作した。小話はそのキャラクターとの対話というシチュエーションで展開されるのである。

語り手　「おじさん、あの覆面パトというやつは、サイレン付けるまでは普通の車だから、パトカーだと分かりませんよね」

スビおじ　「うん、そやけどこないだ、ぼく分かったよ。鞍馬天狗が乗っていたから……」。

あなたは、これに笑えただろうか。ここには、普通の小話のような分かりやすいオチはない。表層の笑い（がもし起こったとすれば）は、「鞍馬天狗がパトカーに乗っている」という、マンガ的なイメージのナンセンスさによるのかもしれない。しかし注意深く検討してみるとそこには、その車がパトカーであるという正体を隠すという意味での「覆面」と、鞍馬天狗という「覆面ヒーロー」――もっとも映画などでは実際にはほとんど顔を隠していないのだが――、その覆面ヒーローが乗っているが故に、それが覆面パトカーであることが分かってしまう（覆面によって覆面が剝がされる？）という、かなり込み入った構造がある。

笑えるかどうかはともかく、覆面が、隠蔽と開示とのアンビバレントな狭間にあることを、不思議な間合いで表現しているという点で、この小話は興味深いと思う。覆面は仮面と比べると、はるかに「隠す」ことの実際的な必要性から求められる手段であり、人格の融合あるいはその不在といったことには、ほとんど関係がないように思える。

つまり覆面とは、外そうと思えば外すことのできる何かであり、またいつか外されることを含意している何かなのである。実質的には仮面に近付いている覆面プロレスラーのような存在は別として、頭巾や包帯、ストッキングを被った銀行強盗など、覆面それ自体には、美的な関心が向かうことはあまりない。覆面には、仮面のように内部と表層とが行き来したり混じりあったりするようなダイナミズムは潜在していないのである。

③マスク

最後に（日本語としての）「マスク」について考えてみたい。「マスク」の主要な機能は先述したように、隠蔽ではなく遮断にあるが、マスクも顔の一部を覆うものである以上、覆面と重なる機能も持つ。マスクをすることで私たちは自分の顔が同定されにくくなり、半ばアノニマスな存在となることができる。マスクをすることで私たちが外に向ける自分の顔＝人格の表示が、半分免除されるということである。要するに、マスクをすることは楽なのだ（例えば、それを着用していると、電車の中で他人をジロジロ観察したりすることが、そうでない場合よりもやりやすくなる）。

マスクをすることが社会空間において防衛的な働きを持つことは明白である。ライナスの毛布を人は持ち歩くことはできないが、マスクなら人にいぶかられることなく着用し続けることができる。コロナ以前でもマスクの着用は一般に「私は体調が悪い」という、誰もそれを非難できない免責の記号として機能していた。マスクは安心感をもたらし、楽であるからこそ、そこからマスクに依存する傾向も生じてくるのだろう。

マスクの実用的な機能は主として呼吸に伴う微小な物質のやり取りを抑制する点にあるが、その象徴的な機能のひとつは、「私は発話しない存在である」ということの表示である。三猿の「言わざる」とは、本来は「人の過《あやまち》を言わず」という教訓であるが、パンデミック状況において人々が依存してきたマスクにおいては、感染防止という合理的な理由とは別に、同調性の表明として機能してきた。つまり「私は何も言わない、方針に従っており、イノセントな存在である」ことを示す象徴的表現となってきたのである。無垢な存在として生きることは安楽である。マスクについての賛否両論が戦わされてきた中で、ほとんど誰もこの「マスクの快楽」に言及しなかったのは、実に奇妙なことであったと言わざるをえない。

　だがこの同じイノセンスは、強制されることによって全くその意味が逆転する。発話を禁止する手段として用いられた時、マスクは「猿轡《さるぐつわ》」へと変貌する。猿轡（gag）は、舌を噛み切って自殺することを防ぐために行われることもあるが、主な目的はしゃべることを禁止することである。歴史的に有名な事例は、一九六八年八月、シカゴの民主党全国大会に集結した反ベトナム戦争派の若者たちのリーダーの一人、ブラックパンサー党のボビー・シールである。共謀罪などに問われて法廷に立った彼は、弁護士をつけずに激しい口調で自らを弁護したために、ついには猿轡を噛まされ身体を拘束されることになった。

　もちろん、単純な意味ではマスクは猿轡と同じものではない。マスクをしても発話することは可能だからである。そして少なくとも日本においては、マスクの着用は罰則を伴う法的強制ではなく、自主的な装着が推奨・要請されてきたという名目であった。しかしそれは、たんに名目上のことであった。マスクの不着用をめぐる夥《おびただ》しいトラブルが示しているように、実態は「自主的」からは程遠い状況だったからである。猿轡が発話を物理的に抑止するのに対して、マスクは「配慮」や「思いやり」という心理的圧力によって強制力を持った。だが物理的であれ心理的であれ、強制であることには変わりがない。

　何よりも、そうした「配慮」「思いやり」に十分な科学的根拠がないことを口にすることが禁じられた、という事実が重要である。マスクが感染防止効果を持つかどうかについては医療の専門家の間にも様々な意見があったにもかかわらず、マスクに懐疑的な意見は一方的に封じられ、メディアで報道されることもなかった。その結果マスクについて公平な判断を表明する意見は「何となく」言いにくくなった。この「何となく」、つまり「空気」が醸成されたことが決定的である。その結果、物理的強制を伴うよりも、広範囲に徹底的な仕方で声を封じるという効果をもたらした。この意味でやはりマスクは猿轡として機能したと言わざるをえない。

マスク着用の推進が拡大しつつあった二〇二〇年、私はある講義の中で手塚治虫『火の鳥』「太陽編」について語った。この物語においては古代と近未来とが行き来する。一方では、白村江《はくすきのえ》の戦いで唐・新羅連合軍に敗北した百済王一族の兵士・ハリマが、唐軍に捕らえられ、生きながらに顔の皮をはがれ、狼の皮を被せられる。「笑い仮面」と同様、もはや取ることのできない仮面であるが、鉄製ではなく、生体組織そのものが癒着している、つまり文字通りの意味での「肉つきの仮面」なのである。ハリマの元の顔は、もはや存在していない。

他方、彼が夢で経験する二一世紀においては、宗教団体「光」が地上を支配しており、地上から追われた「シャドー」たちとの抗争がつづいていた。この対立が、古代における仏教と産土神との争いと重なるものとして描かれる。だが、この未来世界において興味深いのは、人々を光の宗教に従わせるために用いられるのが、やはり一種の仮面であり、ハリマが被せられた狼（あるいは犬？）の頭のような形をしたマスクであるということである。

しかもこのマスクの内部にはスピーカーが仕込まれており、それが装着する者の耳に光の教義を絶えずささやき続けるという仕組みになっている。このマスクは猿轡であることを越えて、洗脳装置なのである。この作品は一九八六年から八八年にかけて発表されたものであり、それが近未来として設定している二一世紀とは、まさに私たちの生きている、この現在のことなのである。

おわりに

以上が「仮面」というテーマによって触発された私の考察である。この程度のものなら、やがてはChatGPTでも十分生成可能になるのかもしれないが、そんなことはとりあえずどうでもいい。そもそも人間にとって人工知能とは何であるのか、今はまだ最終的な答えは出ていない。だが少なくとも、ＡＩは人間知性の仮面でないことは確かである。だからそれと競い合う必要はないし、それと融合する必要もないのである。

私が中学に入った年、一九七〇年の大阪万国博覧会に連れて行かれた時のことを思い出す。人類の進歩、輝かしい未来を謳うＳＦ的な博覧会だと思って訪れたら、アフリカの仮面などが展示されていてビックリした。仮面は、大阪万博をめぐる私の記憶の中心に残っている。そもそもシンボルの岡本太郎作「太陽の塔」からして仮面であった。その頃、仮面なんてものは過去の遺物であり、文明の民俗的・土俗的な段階の産物であるかのように私は思っていた。それに対して人類の「進歩」とは、古いマスクを脱ぎ捨てて、人間がより自然な（本当の）顔で生きるようになることだと。子供だった私は、そのように未来をイメージしていた。

けれどもそれが幻想に過ぎなかったことを、半世紀後にまざまざと見せつけられることになった。

廣松渉の表情論再考

檜垣立哉

はじめに

廣松渉（一九三三－一九九四）は、日本における独自のマルクス主義哲学を切り開き、マルクスの『ドイツ・イデオロギー』の編纂やマルクス主義にかんする著作を大量にものにするとともに、そこでみいだした「物象化論」を鍵として、『世界の共同主観的存在構造』（一九七二年）、『事的世界観への前哨』（一九七五年）、『存在と意味　第一巻』（一九八二年）を中心とするオリジナルな著作群を世に問い、哲学の近代的地平の刷新を図った思想家として知られている。また、東京大学教養学部科学史科学哲学研究室の教授であったように、彼は若いころから物理学者でもあったエルンスト・マッハの研究・翻訳をなすとともに、後年にいたるまで科学哲学研究を重視していた。その意味で廣松は、マルクス主義的な社会改革の哲学を近代的世界観の超克とともに掲げ、重厚長大としかいいようのない著述をなすとともに、つねに自然科学を中心とした時代の流れにも敏感であった。本稿では晩年に「表情論」に踏みこんでいった点を軸として、廣松が主著の『存在と意味』を上梓後、メルロ＝ポンティ現象学、実験心理学、アフォーダンスなどとの対決と摂取をなしたことの意義をとらえかえしてみたい。

廣松が主張する近代思想批判、物的世界観から事的世界観への展開そのものは、いまになってみれば、ある意味で常識化されてしまった感もある。論者は別のところで記したが、主体客体図式の廃棄による物的世界観から事的世界観へ、関係性の重視とそこでの四肢的存在構造の描出、それによってなされる「近代の超克」という思考モデルは、実はマルクス主義左翼であった廣松とまったく肌合いを異にする京都学派の思想と案外近い[*1]。廣松自身もこの点には自覚的であり、『〈近代の超克〉論――昭和思想史への一断想』（一九八〇年）を刊行し、京都学派との差異化を図っている[*2]。さらにいえば、上記の発想は、フランス・ポストモダンの思考（とりわけソシュールの記号論を受容したそれ）が、能記（シニフィアン）と所記（シニフィエ）の表裏一体性を論じたこととかさなりあってもいる。廣松がときに、記号論を意識しつつ、所記即能記――この多用される「即」がまさに西田幾多郎的であるのだが――という表現を利用していることもかなり重要ではないかと考える。これらは、岩波書店を中心とした当時の文化集団（日本記号学会に縁の深い山口昌男や丸山圭三郎、あるいは中村雄二郎や井筒俊彦も含まれる知的連携が確固としてあった）に廣松が属していたことの帰結かもしれない。廣松がフランス・ポストモダンについて論じることはほぼなかったが、自身の理論を形成したのちに、しきりにこれらの類似した思想との差異化ととりこみを模索したことには注意すべきである。廣松は東京大学定年退職直後の一九九四年五月に没しているため、こうした作業は最後期の余滴とうけとめられかねない。とはいうものの『メルロ゠ポンティ』（フランス哲学者・港道隆との共著、一九八三年）、『共同主観性の現象学』（心理学者・増山眞緒子との共著、一九八六年）、『表情』（一九八九年）等の著作において、廣松は自身の理論を完成後、現象学、心理学、アフォーダンス、言語論などを真剣に検討しており、生前にギリギリで刊行しえた『存在と意味　第二巻』（一九九三年）および、それに後続する第三巻の構想にとって、それらは実際には不可欠なものであったと考えられる。

*1　拙稿「日本哲学史の中の廣松渉」（『日本哲学原論序説』人文書院、二〇一五年）参照のこと。

*2　この点にかんしては拙稿「廣松渉の『〈近代の超克〉論について』」（『日本近代思想論』青土社、二〇二二年）を参照のこと。

現在時点において、廣松の議論から何か「新しい」知見をうることは難しいだろう。だが、この時期の廣松が、自身のキャッチフレーズであった「事的世界観」の定礎を図るため、「表情」を主題化し、それを、メルロ＝ポンティや実験心理学とつきあわせながら検討したことは、再考する意義があると考える。すでにわれわれが見失っている「表情」についての思考の一面を、少しでもとりだせればとおもう。

etwas Mehr と表情

ところで「表情論」にいたる以前の『存在と意味』における廣松が、ゲシュタルト心理学を議論の主要な部分で利用していることにまずは注意しなくてはならない。後年、メルロ＝ポンティをあえて批判するのは、そもそも廣松の思考が、メルロ＝ポンティと同様、ゲシュタルト心理学から多くを負っているからであるだろう。『存在と意味』の緒論冒頭において廣松は、「ルビンの壺」（図1）や「白黒反転図形」、それに線で書かれた犬などをもちだし、それがまさに「意味」を「〝帯びた〟」相で現前すると記している。*3 そして廣松は、この書物において「世界現相」のそれぞれは「その都度すでに、単なる「所与」以上の「或るもの」として覚知される」*4 と論じていく。あえて先どりしていえば、世界そのものがある種の「表情」という価値を帯びていることを、廣松は当初から明示しているともいえるのである。

こうしたゲシュタルト的な「世界現相」を提示する廣松の議論が向かう先は明確である。それは、世界は要素（感覚）の集合から成立するものでは「なく」、そもそもそれ自身が「意味」をもつものとしてしか現出できないということである（廣松の初期の研究対象であった、マッハの感覚一元論もこの方向から解釈される）。ルビンの壺は、一般的には知覚的「所与」が不変であるのに、

図1 ルビンの壺

*3 廣松渉『存在と意味 第一巻』岩波書店、一九八二年、四頁。

*4 同上。

それが与える「意味」が交代してみえることで知られたものであり、ルートヴィヒ・ヴィトゲンシュタインがアスペクトにかんして「ウサギアヒル」の図をもちいるのと同様ともうけとれる。とはいえ廣松において独自であるのは、そこでは、そうした反転も含め、「所与」と「意味」とがわかちがたくむすびついていることを強調する点にある。

こうした事態について、『存在と意味』第一章ではetwas Mehrという廣松固有の表現がもちいられている。

> 現相世界の分節態（＝フェノメノン）は、単層的な与件ではなく、その都度すでに射映的所与〝より以上の或るもの〟etwas Mehrとして二肢的二重相で覚識されている……現相的分節態はその都度すでに「現相的所与」以上の「意味的所識」として二肢的二重性の構制において現前する。*5

そしてこの段階で廣松は記号的な術語を利用し、「謂うなれば能記－所記（signifiant-signifié……）的な二肢的二重成態なのである」*6とのべもする。廣松は現出する世界そのものが、ゲシュタルト心理学から借りた非要素的な意味的形態をもつことや、それ自身が端的に記号論的な能記－所記の意味関係と連関することを明示するのである。

ところで、ここですでに廣松は、自らの記述と現象学との「距離」を明言する。そこでは、まずハイデガーの「用在性」（Zuhandenheit 一般的には道具存在性とされるもの）がとりあげられ、自身の議論との類似性を認めつつも、さしあたり認知の場面にかぎることが強調される。*7そしてメルロ＝ポンティについては、『知覚の現象学』を引用し、メルロ＝ポンティがゲシュタルト心理学のい

*5 同上、三九頁。
*6 同上、四一頁。
*7 同上、四―五頁。

う〈地の上の図〉は「一つの意味を担う」とのべるのに対し、「われわれに言わせれば「図」はすでに単なる感性的所与ではなく、意味を「担う」以前に意味に〝負う〟ものである」[*8]と反論している。ゲシュタルト心理学はあくまでもゲシュタルトの現象的所与を前提とするのだが、その所与そのものの出現は意味とともにしかでてこないというのが廣松の主張であるのだろう。ここで廣松は、世界現相の二肢的二重体の構制がそもそもまずあり、メルロ゠ポンティのとりあげる、知覚の担う意味もすでにそれを前提としていると説明するが、これについては後のメルロ゠ポンティ批判を待とう。

廣松はさらに『存在と意味　第一巻』で、「世界現相」にかんして、一般的に主体の側とされる「身体」についても、つぎのようにのべる。

> 現相的世界にはわれわれが〝身体的自我〟と呼ぶ分節肢も特異な様態で現前する……〔世界現相のなかに現れる身体である〕それは対象的一所知以上の或るもの（＝能知的主体）である。能知的主体はそれ自身また二肢的二重性を呈し、単なる個体的な身体的自我以上の或者として現出する。[*9]

ここでのべられていることも etwas Mehr の構制以外の何ものでもない。それは「能知的誰某―能識的或者」というあり方をとりながら、身体が現相する世界と連関する際には、「能知的所知＝所知的能知」であるというように記述をくみかえてもいる。身体とは、それ自身世界における知覚的対象（所知）であり、同時に知覚の主体たる能動体（能知）でもあるからである。世界の現相を考えるときに、身体は非常に重要な契機であるだろう。それは世界の「表情」の一部をなすとともに

*8　同上、六一頁。

*9　同上、八七頁。

に、それ自身もまたひとつの表情として、まさに「単なる個体的な身体的自我以上の或者」としての etwas Mehr であるからである。

この能知的主体の二重性は、先の現相的世界の二重性とともに四肢的存在連関を形成すると描かれるにいたるものであり、[*10]これが廣松の代表的なキータームとなることはいうまでもない。そして後半の能知の問題は、まさに「役割」という『存在と意味　第二巻』以降の問題系につながる。だがここでは、あくまでも廣松がゲシュタルト心理学のモデルに範をとりながら、etwas Mehr を身体的主体にまで領域拡大しつつ展開していくことを確認するにとどめよう。

もちろんここでの「意味」が「命題」となるあり方や、「共同主観」の役割性＝社会性の形成については『存在と意味　第一巻』の後半部、あるいは第二巻で論及されるものである。しかしながら、その冒頭部で、ゲシュタルト心理学における見えというモデルをもちいながら、そこでの etwas Mehr の構制を繰り返す廣松は、自身の議論に決定的な方向性をひいている。それは廣松お決まりの「近代的三項図式批判」つまり主体―表象―客体への批判からみれば当然のことでもあるが、ゲシュタルト的に「何かが現れている」という現場以外の何も認めないという、徹底した「現相」主義である。この点はつぎの『メルロ＝ポンティ』での記述においてより鮮明になる。

メルロ＝ポンティ批判

廣松は、岩波書店の「20世紀思想家文庫」の一冊として『メルロ＝ポンティ』を刊行するが、本人もフランス現代思想について著述をなすには知識が不十分であるとして、のちにデリダやレヴィナスの翻訳・研究をおこなう港道隆と共著をなし、その後半部において、メルロ＝ポンティへの自説を展開する。繰り返すが、ゲシュタルト心理学的な議論を軸に、世界の現相をある種の意味の

＊10　同上、一八一頁。

「プレグナンス」としてとらえたメルロ＝ポンティと廣松の議論はきわめて接近している。しかしながら、これほどまでに接近しているがゆえに、廣松はメルロ＝ポンティの議論と自己のそれとを厳しく峻別しようとする。議論はおおきくメルロ＝ポンティののべる身体としての主体性にかかわる。

端的にまとめるならば、廣松はメルロ＝ポンティにおいていまだ残っていた主観性（身体的主観性であれ）と世界への「志向性」（作動的志向性であれ）という図式を、「近代主義」の現象学的残滓であると論難する（のちにのべる「沈黙のコギト」の保持がメルロ＝ポンティにおいては論点になるだろう）。廣松は、やはり「ルビンの壺」や「ネッカー図形」を援用し、それが身体と連関する場面を描きながら、そこでも、メルロ＝ポンティが知覚反転について「両義性」の思考にとどまることを批判する。さらには右手が左手を触れるという、『知覚の現象学』における身体の能作と所作の相互反転のあり方、つまり見る身体と見られる身体の相互的交替について論じながら、つぎのようにのべていく。

> 「両義性」というのはこの交替的事態を指すのであって、能知的身体が同時に所知的身体であるという二重性格の謂いではない。*11

また廣松は「合掌」の例をあげ、能知的身体と所知的身体とが、相互交代ではなく「能知即所知＝所知即能知」というあり方をもちうることを強調する。メルロ＝ポンティにおいては主体的なものとその志向性という体制がギリギリの仕方で残っているため、いずれが主体の側になるかという交替しか論じられず、「即」という事態にはいたらないというのである。

*11 廣松渉・港道隆『メルロ＝ポンティ』岩波書店、一九八三年、二〇四頁。

対他存在に対してはどうか。そこでもメルロ゠ポンティはギリギリ身体の「匿名性」をきわだたせ、たとえばサルトル的な即自と対自との相克という図式を逃れているようにみえる。それは感情移入論という、シェーラー、カッシーラーからフッサールまでつながる議論を乗り越えるものともくのべられはする。廣松は後期メルロ゠ポンティが肉の存在論にいたることを評価しもするのだが、しかし最終的にはメルロ゠ポンティ的な現象学的記述では不十分であると断じてしまう。

偖《さて》、メルロ゠ポンティは、嚮《さき》に見ておいた通り、現相的所与と意味的所識の二肢的二重性、および、能知的誰某と能識的或者の二肢的二重性、この二契機的二重性を「として」の構制では把握せず、たかだか〈含有的プレグナンス〉の相でしか捉えない。彼は亦、能知的対自と所知的即自との本源的統一性を、能知即所知゠所知即能知という「即（相即性）」の論理では把握せず、たかだか、初期においては〈両義的反転〉、後期においては〈相互的嵌入〉の相でしか捉えない。*12

ここで廣松は、メルロ゠ポンティ的な身体の主体を設定しても、それが主体性と志向性の変容系であるかぎり、世界の「現相」も「身体」も、そして個人即共同であるとされる自己もとらえきれないと主張している。この議論は、『表情』などで、幼児心理学、ジェームズ・ギブソン、情動の場等など、メルロ゠ポンティ的でもある主題を、廣松自身が積極的にとりいれるために必要な措置であったのだろう。しかし同時に、ここから帰結する廣松の「表情」論は、相当に厳しく限定されるようにおもえる。そして、この「即」はヘーゲル由来のものであるとしても、やはり西田的な京都学派の「内即外、内包即外延、時間即空間……」の論理と類似的にみえてもきてしまう。

*12 同上、二五四頁。

以上を前提に著作『表情』をみてみよう。

「表情」論へ

『表情』の冒頭で廣松は、この言葉がAusdruckないしはexpressionという外国語で提示されることから、そもそも「外化」というニュアンスをもたざるをえない点に注意を払う。[*13] もちろん『表情』で廣松がのべたいことは、内面が外化するという、表情にまつわる主体の図式を批判することにある。この著作で廣松は、メルロ＝ポンティに対抗するかのように、幼児心理学やギブソン的なアフォーダンス、そして共著者でもある心理学者である増山の提唱する「情動の場」をあつかうのだが、それらは「表情」において、内面的な個人の情動が他者に「外化」されて示されるという発想をいかに否定し先に進むかを考える素材としてである。廣松は、内面的な情動性のようなものが（たとえば怒りや悲しみが）身体の内部にあるかのように感じられることは否定しない。ただそれは、内が外に現れるという種類のものではなく、いささか驚くべきことに行動主義に近い言葉を利用しながら、表情自身も内即外であること、自己即共同、また認識即情動であることをのべるのである。

ここでまず注意すべきは、廣松は、この著作で「表情」論を、「風景」において開始していることである。

> 風景に眼を向けて見よう。われわれの日常如実の体験相においては、いま例えば、「裏山の松の樹はガッシリとしているが、大枝はノタウッテいる。崖にかけて淡竹がスクスクと伸びており、葉先はピンと張っている……」。環界的情景は表情性に満ち充ちている。[*14]

*13 廣松渉『表情』弘文堂、一九八九年、ii頁。

*14 同上、九頁。

こうした廣松の記述は、『存在と意味』における「ルビンの壺」などの単一的におもえるゲシュタルト的な知覚の記述からさらに一歩踏みだしているともいえる。そのときに「世界現相」といわれていたものは、まさに生物学的な環界そのものを通じ、それらすべてにかかわるような「表情」をもつ「風景」となる。

ここで付け加えられていることは二つある。ひとつには「表情」を「人間ないし動物に固有の現象」に限定しはしないということである。そしてもうひとつは、知覚的な価値（廣松のいう etwas Mehr）にはつねに認識以上の情動的価値が付着しており、この両者をきりわけることも困難だということである。

前者は「世界現相」がすべてゲシュタルト的意味によって描かれていたことからみても理解できることである。だがこれを徹底するならば、「表情」は、そしてさらにいえば「情動」も人間だけのものではなくなる。幼児心理学や動物心理学がそこで援用されるのは必然ともいえるが、廣松はこうした「風景」のもつ情動性を、内面の投影ではないとしたうえで、人間および動物における「表情」の特異性は認めるものの、そもそも世界の現れが環界であるかぎり、それはただ「表情」の世界でしかないことになる。「われわれに言わせれば「純然たる知覚現相」などというものは如実には存在せず、如実の現相はその都度すでに〝情意的な契機を孕んで〟おり、本源的に表情的である」[15]というのである。一切の内面と外面という区分を認めないうえに、表情についても人間や動物と風景のそれとを区別しない、かなり徹底した措置がここでなされている。

ついで廣松は、さまざまな心理学者の術語を駆使し、こうした表情的世界がもつあり方を描きだしていく。レヴィンがとりあげる「要求特性」「誘発性」、それをギブソンがうけて利用するアフォ

＊15　同上、一七頁。

ーダンスの諸用語（こうしたギブソンの試みに廣松は、「そのまま踏襲する心算はない」[16]としながらも、メルロ＝ポンティとは対照的に賛辞を惜しまない。この点はアフォーダンスの議論のその後の展開を考えると、いささか性急な判断にもおもえるが、特徴的な評価でもある）をひきうけつつ、情動価をもったそのあり方を、他者や環界と連動する「一体的振動系」として示し、とりわけ音声を介した言語的な他者とのつながりを強調していく。たんなる生理的な表情とみえるものにかんしても、廣松は以下のように記す。

> 生体は振動系であること、この事実に留目することがわれわれの戦略的な一要件をなす。振動系とはいっても……多種多様な物理的・化学的な振動機構に支えられた、多種多様な振動の重合系である。[17]
>
> ……音声を知覚する場合、可視的対象物の振動を知覚する場合、可触対象物の振動を触知する場合、対象的振動と共振的な生体振動が発生すると言うことができ、より剴切には、対象的振動体と生態的振動態とを包括する一大振動系が形成される、と言うことができる。[18]

廣松がここで、人間も動物も、ある個体であるものすべてが「皮膚的界面を超え出た大きな振動装置の部位」[19]とのべていることもやはり重要である。情動の場もこうした表情を形成する身体の（風景も動物も巻き込み、しかし内も外もない）振動系という仕方で捉え返していることは、役割区分を越えた他者との記号的な記述にかかわっていく。

そこで廣松が論じることは「徴標記号」としてのシンプトムとされるものの「表情」的意義とそ

*16 同上、三三一頁。

*17 同上、一五四―一五五頁。

*18 同上、一六〇頁。

*19 同上、一七〇頁。

の重要性である。そこでは廣松は熊野純彦の論考などをとりあげ[20]、象徴、徴標、信号という三機能をもって記号の原型を論じだすのであるが、そのなかで廣松は、もちろんこの三つの記号の位相は現実的には絡みあうし、それが表情的なものから単純に発したと考えるわけではない。だが、ここでも表情がもつある種の世界性から、とりわけ徴標的事態の発生をまず考えるべきであるとのべる。そして、言語に社会構成的な独自の役割を認めつつも、それ自身もまた多層的に表情的なものであり、世界や身体、そしてその「情動の場」から切り離されてとらえられないと主張する。ここで廣松が援用する熊野の分類が、パースの三つの分類項を意識しているのかは不明だが、こうした記述は、表情を人間に限定しないという意味においても、エドゥアルド・コーンが『森は考える』[21]で、パースののべる第一性的な世界の雰囲気や、世界の表情を示すイコン的なもの――何かを指示すのではなく、それ自身が音であるとともに意味である――と接近したものがみてとれる。つまり廣松は「表情」という「表面」性に、認知の場面でも行為の場面でも一貫してこだわるのである。

*20 同上、一八〇頁。

*21 エドゥアルド・コーン『森は考える――人間的なるものを超えた人類学』近藤祉秋・二文字屋脩訳、亜紀書房、二〇一六年。

結論――現象学・廣松哲学・自己組織化

以上の考察をもとに、廣松の後期表情論についてまとめてみよう。

まず考えるべきは、本質的にはドイツ観念論型・マルクス型の重厚長大な哲学を指向した廣松が、明示的に経験科学を再導入し、「表情」というある種の「表面性」とその世界全体への「拡張」に強くこだわる傾向性をもつにいたった事実である。それと同時に、ゲシュタルト心理学を導入したメルロ゠ポンティを念頭におきながら、廣松自身が一貫して現象学的な思考に拒絶感を示していたことの意義である。後者の点は、廣松がいきつくアフォーダンスや、あるいはそれを織りこんだオートポイエーシスの議論などが、現象学とさほど折りあいが悪いわけではなく、むしろ積極的に交叉していること、メルロ＝ポンティの一連の議論は、廣松の思想の源泉でもある新カント派の、とりわけカッシーラーの主張を踏まえたものであることを考えれば、いささか過剰防衛とみえなくもない。この両者に関して検討し、論考のまとめとしたい。

まず後者から考えたい。廣松自身が六〇歳で亡くなったため最晩年のものとなってしまったが、『存在と意味　第二巻』を執筆していたことからもわかるように、主観客観問題の乗り越えを知覚的場面にそくして展開するその先には、廣松流の社会哲学・実践哲学へ展望があったことはいうまでもない。現象学、とりわけメルロ＝ポンティのそれも、一面では確かに知覚から社会への理路を示すものでもあった。しかしながら、メルロ＝ポンティもまた、中期におけるソシュール等の構造主義のとりこみや幼児心理学の成果をうけいれつつ、晩期には独自の存在論へと向かうものの、五〇代で亡くなったためその展開がうまくなされたとはいいがたい。すでにのべたことだが、こうしたメルロ＝ポンティの行程は、廣松のそれときわめて接近しており、その事実自身が、過剰防衛的なメルロ＝ポンティ批判の要因であることは確かだろう。

とはいえ問題は、やはり「主観」の定位の仕方にある。廣松にとって主観即客観という事態は、実践哲学的な方向からみて、自己はつねに社会的制度的存在態と「表裏一体」のものであるべきであり、ある種の[22]「内観」を、メルロ＝ポンティのように「沈黙のコギト」という形態においてであれ保持することにはまったく同意しえなかった[23]。

これは前者の論点とむすびつくだろう。世界の知覚的現相といわれるものには、一面に私なるもの、他面に共同主観的なるものが契機としてあり、それらが「即に」よりむすばれている。そこでは主観でも客観でもない意味自体が、まさに廣松がいうところの etwas Mehr として、つまりはた

＊22　メルロ＝ポンティの「沈黙のコギト」概念については、上述の廣松と港道の共著『メルロ＝ポンティ』四一―四五頁、一三一頁以降などの港道の記述に詳しい（港道の表現では〈無言のコギト〉）。またメルロ＝ポンティの「沈黙のコギト」については拙稿「沈黙のコギト」についての試論――メルロ＝ポンティにおける主体性の問題」（『生命と身体――フランス哲学論考』勁草書房、二〇二三年）を参照されたい。

＊23　先に挙げておいた左手と右手の触れあう問題は、根本的には自己触発の問いと連関し、上記の「沈黙のコギト」の構造性につながる。その点で廣松がメルロ＝ポンティを論難するのは理解できる。

だ「表情」として現れる領域である。この etwas Mehr は、たとえば「主観」が「解釈」するものではない。むしろ主観がそのなかにあり、そこから分岐してくるところのものでしかありえない。

この点において、廣松が晩年に幼児心理学という主客未分化な状態における表情論や、世界そのものを「風景」とみなすにいたったことは、この「即」を具体性においてとらえる際に不可欠な展開であったとおもわれる。「表面」を「仮面」あるいはシミュラークルと関連づけるのであれば、それは「仮面」の後ろに「素顔」があるわけでもなければ「風景」の彼方に「実体的自然」があるわけでもない。この点でギブソンとの親和性がむしろ強くなるのも理解できる。ギブソン的なアフォーダンスは光の平面的な肌理という視覚心理学的場面のみをとりあげることで、人間の知覚的世界が形成される事態を描くものだからである。

ただしそのままで廣松が本来とりだしたかった実践論や制度論につなげることは可能なのだろうか。いまは『存在と意味　第二巻』の検討はなしえないが、廣松の表情論は本来どこに向かうべきかを考え、稿を閉じることとしたい。ここでは逆にメルロ＝ポンティの側から廣松をとらえかえしてみたい。

メルロ＝ポンティ自身も、よく知られているように、「知覚」の現象学の立場から中期の模索期をへて、晩年の存在論へというルートを辿る。それはメルロ＝ポンティにとっても、制度的なものが含む物質性についての探究の必要性を感じていたということでもある。それは現象学がとらえる身体というよりも、より基底にある物質性へと導くものである。廣松がそれに一定の理解を示していたことは先にのべたとおりである。

他方廣松も、上記「表情論」とかさなる時期に、物理学・生物学的な自己組織化論に相当な分量をさいた検討をなしてもいる。*24 そこでは、東大駒場の科学史科学哲学に在籍していた河本英夫の影

*24　廣松渉は、『エピステーメー』Ⅱ期一号（特集「構造変動」一九八五年）、二号（特集「自己組織化」一九八六年）朝日出版社、に長大ともいえる論考を掲載し、自己組織化的生命論などに対する独自の検討をおこなっている。

響もあろうが、オートポイエーシスへの言及もある。この点を踏まえれば、廣松においても、実践や制度の議論に向かう場面での物質性の位相を改めて探究しなおすことは想定されていたはずである。つまり「表情論」と同期するように、こうした物質性への着目がなされていたのである。「表情論」は廣松にとって、『存在と意味　第一巻』の主張をアクチュアルな経験科学とクロスさせ、その拡張可能性を探るものであった。しかしそれ自身は、記号論への展開も含め、さらにもう一段階、実践的・制度的な物質性をどうとらえるかに向かう議論が求められるとおもわれる。それをなす時間は廣松に残されていなかった。だが、近年の大森荘蔵と廣松による「東京学派」の再評価[*25]という状況において、こうした問題を現在的な観点からつないでいくことは急務であるだろう。

＊25　中島隆博による科学研究費での「東京学派」研究などにより、近年大森や廣松が言及されることが多くなっている。

「仮面」の問い、再び——過去と未来の「中間」に立つ

水島久光

「仮面」と「顔」の境界

新型コロナウイルス感染症（COVID-19）は二〇一九年一二月に、中国・武漢市で一症例目が報告されてから瞬く間に、パンデミックと称される世界的な流行となった。わが国でも二〇二〇年一月一五日に最初の感染者が確認された後、五月初旬までに全国で五〇〇〇人を超える感染者と六〇〇人以上の死亡者が確認されている。改めて振り返ってみると、当時の我々は、毎日メディアを介して届くニュースに、目を背けずにいることだけで精一杯だったように思う。

ただただ「恐怖」に慄いていた。何しろこの死亡率である。テレビ・モニターは夥しい棺の数や、ECMOに心肺機能を委ねざるを得なくなった重症患者の姿を容赦なく、しかも繰り返し映し出した。「戦争」「自然災害」のような空間の破壊を介さずに、人間だけが「死」に引き寄せられていくこの謎の力に、我々は言葉を失っていた。対面が即リスクとみなされ、外出自粛が強要されて、老若男女あまねく自宅に引き籠った。

協働とコミュニケーションによって文化を紡ぎ、生活を営んできた存在たる人間は、その生命線である他者との距離が危うくなるや、メディアにその調整機能を託すようになる。そうして様々な「仮面」が生み出されてきた。一七世紀ヨーロッパにおけるペストの流行とカーニバルの興隆につ

いても薄からざる関係がある。そして、今回もそうした中間領域に人々の関心が向けられた。一つはZoomをはじめとするオンラインのコミュニケーションツール、もうひとつが「衛生用マスク」である。

「マスクmask」という語の多義性、多元性は、それが「顔face」と呼ばれる特異な器官との境界において、どのような意味生成を担ってきたかという問題の複雑さを体現している。問いの立て方ひとつで、導かれる位相が変わってくるのだ。そしてこの不思議は、感染症に覆われた異常な事態下に限らず、寄せては返す波のように、長い歴史の中で、繰り返し我々の精神の安定をかき乱してきたのだ。

時計の針を巻き戻す

舞台を「平時」に戻そう。大きな波は、小さな波をその体躯の中に吸収していく。およそ半世紀前、この極東の小さな島国は「戦後高度経済成長期」という数十年規模で押し寄せた波に、社会全体が洗われていた。リアルな政治・経済にカウンターのポジションをとりがちのアカデミシャンたちも、言葉を選ばずにいえば、新しい思想の動きに足元を省みずに浮かれていた（ように記憶している）。そんな中で「仮面」と「顔」の関係を問う眼差しが向けられた一瞬があった。

坂部恵『仮面の解釈学』（東京大学出版会、一九七六年。巻頭の「〈おもて〉の解釈学」の初出は一九七〇年）は、決して少なくないインパクトをもって日本の哲学界に受け止められた。この時期、我が国では戦後のリベラルな潮流に乗って、怒濤の勢いでヨーロッパ哲学の受容が進んだ。そしてその反作用として、我々の思考回路の底に潜んだヴァナキュラーな文化を、それらの輸入概念と突き合わせていく試みが数々なされた。同著もその一つに数えられる。そしてそこでは、室町時代に構想され六〇〇年以上にわたる伝統とともに継承された芸能である「能」と、その主たる「表現アイテム＝面（オモテ）」が、いの一番に検証すべき対象として選ばれた。

「〈おもて〉とは、自我と世界、自己と他者との一切の意味づけが失われるわたしたちの存在の場の根源的な不安のただなかから、はじめて同一性と差異性とが、意味と方向づけとが、〈かたどり〉を得、〈かたり〉出されてくる、まさにそのはざまの別名にほかならない」（一三頁）――それは意味の喪失への怖れであり、坂部はその局所を「〈記号〉の概念が挫折する場所である」（一〇頁）とまで言う。二一世紀の「未来社会」において、改めてこの挑発の言葉に出会ったとき、率直に言って匕首《あいくち》を突きつけられたように、動揺を禁じ得なかった――「いったい、今まで我々は何をやってきたのだろうか」。

アイデンティティに支えられた主体概念を基底に、存在と世界あるいは表象と文化を論じてきた近代の形而上学的パラダイムへの懐疑、あるいは批判のステージ上に我々の「記号の問い」も位置づけられる。しかしそれ自体が「挫折」するとはどういうことなのだろうか。坂部は、それを「意味するもの」と「意味されるもの」の非対称性として説明する。件《くだん》の「不安」とは、まさにその相互性が破断する状況なのだ。すなわち「仮面」論とは、それによって指示されるあれこれの〈ペルソナ〉にとどまらず、無意味や意味以前の情動をも解釈の対象としうる「メタ記号」として企図されていたのだ。

しかしこの頃の議論については――その後の、同著の問いを引き受けた『仮面の時代』（河出書房新社、一九七八年）のシンポジウムも含め、（後出しじゃんけん的な物言いではあるが）道具立てが揃っていないもどかしさが否めない。坂部自身も当時の論客たちも、[*1] 提起された問題が「日本語」機能決定論に誘われていくバイアスに無防備である。とはいえこうした過去の議論を、一蹴し

＊1　一九七七年三月一二日、五月七日の二部にわたり開催された「哲学奨励山崎賞基金（代表山崎正一）第四回受賞者（坂部恵）を囲むシンポジウム。参加者は、第一部が荒川幾男、生松敬三、田島節夫、宮川透、山崎正一、第二部はこれに市川浩、中村雄二郎が加わった。

てしまえるほど、我々は成熟を重ねてきたと胸を張って言えるわけではない。むしろ坂部の問いにきちんと答えてこなかったからこその、昨日までの（COVID-19の）フリーズ状態だったのだ。

「仮面の記号論」の可能性を考える

日本記号学会の発足は同著の直後の一九八〇年。ここで改めて「仮面」を問うことは、我々の「学会」というコミュニティの歴史を振り返ることでもある。[*2] 過去の学会誌の、特に創設期のそれらを改めて読み直してみて感じるのは、そこに集う論考の「記号」という概念に対する積極性である。各論考は、それまで様々なアカデミアの敷居によって区切られてきた領域を越境し、閉塞を解こうとする前向きの意欲に満ち溢れている。それは坂部のどちらかといえば斜に構えた姿勢とは対極の「眩しさ」である。[*3]

それは極論すれば「記号の学には、解けない対象はない」というやや素朴な「楽観」にも映る。しかしそれは、坂部の「記号」に対する慎重さとコインの両面を成すものである。「仮面」が示唆する「意味の不在」「存在の不確かさ」はまさに今日の「恐怖」「不安」と地続きにあり、逆にそれらの高まりは「仮面」のリアリティを強化するのである――表情に覆いをかけることがデフォルトとなったあの三年続いた日々は、「素顔」が大胆にもスルーしてきた意味論の脆弱さを、白日のもとに晒したのだ。

「アベノマスク」の卑小さはその典型例であったように思う。単純な「語音転換（スプーナリズム）」といえばそれまでだが、「エコノミクス→アベノミクス→アベノマスク」と入れ替わっていく言葉の横滑りは、権力が行うシンボル操作の手順がご丁寧に開示され、衆人環視のもとに崩れてい

＊2　本「叢書セミオトポス」シリーズの前17号（『生命を問いなおす』二〇二三年七月）は、COVID-19で先送りされた「学会四〇周年」の記念資料が掲載される「節目」の号となった。

＊3　『仮面の時代』のシンポジウムのクロージングで山崎正一は、「坂部さんは「不在」というのがお好きなようだな」と少々揶揄気味に言う（二四七頁）。

く、コマ送りの戯画を成していた。思えば感染症流行のずっと前から、ファッションアイテムとして重宝されていたマスク。ネットのメイク動画とともに「理想の顔」の商品化の影の立役者だった。それが今や「顔パンツ」である。マスクの「顔を覆う」機能は同時に「顔の顕れ」を肩代わりし、遡及推論的に「顔」の意味を変調させる。

この記号作用は、「Mask/Face」各々の名辞の相補性を指示している。〈おもて〉は「表」であり、未だ認識されざる「裏」、すなわち内なるもの（潜勢態＝デュナミス）の不安定なありようをそのまま含意する。よってそれは、作為を仄めかす「語り」の契機としても現前する。実はこの混沌にメスを入れていく作業が二〇二〇年代の我々には必要なのではないか。一九七〇〜八〇年代以降、懐疑と楽観、あるいは「ネガとポジ」に引き裂かれ続けた「記号の学」のリ・ポジショニングを図るためにも、「仮面」は再びしっかり論じるべきテーマとなったのだ。

半世紀後のパラダイム

「Mask/Face」の関係をとりまく環境は、この半世紀で大きく変化した。特にテレビからネットへのメディアの主役交代は、カメラの遍在性に支えられていることに注目すべきだろう。人びとの心性は、かつてのピース・サインとともにテレビに映ろうと群がる「ポジティヴ」な単純さから、モザイクの政治性を内面化する屈折の「ネガティヴ」さに急転回した。数多のアバターが「表情」のステレオタイプを振りまくアプリ空間では、奥底にあるアナログな情動を、パターン表象に置き換えるプロトコル化が進んでいる。

「顔」には「覆い」から「装い」へのコード転換がプログラムされており、その露出は、象徴の次元で、社会的なコミュニケーション過程に解釈を広げる役割を担う。と同時に生身の「顔」には、狭いその領域に重要な感覚器官が集結し、「表情」を創り出す細かな筋肉も発達している。よって扱う情報量の比重も他の身体部位より大きくかつ、内面（こころ）との媒介役としての機能も重ね持つ。こうした「顔」あるいは「表情」が行う知覚情報処理とは、そもそもいかなるものなのか。

コンピュータと情報科学の進化が、「記号」と「情報」の界面の問題を論じ、また操作可能とする環境を用意した。センスデータが文字通り「データ」として流通するネットワークにおいて、かつて所与とされた「顔」の局所性は、ある意味拡散されることとなった。その変化を通して、今日の我々のデジタルな日常生活は、顔から身体全体へ、身体から環境へと広がる世界との、フィードバック・ループが実感しやすくなっている。ここにおいて「仮面」は、その一つの制御過程の担い手であるということもできる。

かつて廣松渉はこのプロセスに注目し、そこに主 - 客二元論を越えたユクスキュル＝ハイデガー的「環境世界」のパースペクティヴを宛てていた（『表情』一九八九年）。彼が「表情現相の遍在」をいうとき、その射程は風景論からアフォーダンスまでをカバーし、ゲシュタルト差への着目に我々を促す。廣松の「表情」論の核心は、それが人間の共同性構築にどのように関与するかを記述することにある。共振、共感から最終的に「共軛的理解」に到達する過程は、自我・他我関係を結ぶ認知・伝達のメカニズムを解くことであり、それは彼の「世界の共同主観（間主観）的構造」論を基礎づけるものでもある。

今日、ロボティクスやＡＩなどに代表される情報技術の発展は、哲学の中心にあった「人間」に対する問いのあり方そのものを揺るがしている。だがサイバネティクスが心理学と生反応の境を取り払って以降、我々はかえって逆に、過剰に「人間らしさ」を意識するようになったようにも思う。そうなると「表情」を「環境」に拡張した廣松の思索とは全く反対向きに矢印を辿って、我々が「顔」に意味の手がかりを強く求めようとするのは、むしろ当然に思えてくる。

シンボルからアイコン、インデックスへ

一九七〇—八〇年代の「記号の学」への期待は、少々乱暴に言えば「象徴（シンボル）」の磁力に引き寄せられていたように思う。それは戦後の「政治（ポリティクス）」の御し難さに、抵抗の意思を示すアカデミシャンたちの連帯のムードの表れでもあった。しかしこの時代には、同時にポピュラーカルチャーが全盛期を迎え、テレビやマンガがその表象としての様式を確立させつつある流れも存在していた。

大量に生産される視覚文化の制作物は、「顔」に特権的な力を与えるようになった。量的にも質的にも過剰化する表現の中で、いつしか我々は、そのフローを浴びながらも分析的な眼差しを注げるようにもなってきた。そしてその冷静さは、当然のことながらマスメディアのヘゲモニーの終焉を後押しするようになっていく。ミネルヴァの梟ではないが、黄昏の時代が演出する明暗のあわいは、その過剰さに更なる機微をも加え、「顔」なるものの記号性を際立たせる。

すなわち「顔」は「顔」としてはじめから完成されきったものではなく、それ自体が目や鼻、口のパーツが寄せ集められて出来上がった合成表現物（モンタージュ）であることを再認識させる。ゆえにそのアイコンの生成においては、省略や加筆が任意になされるうるものである。よってそのデフォルメや、それに伴う感情表現・人称性との交わりは、メディア上の表現の自由度・スピード・バッファーを味方につけて、「顔」と「顔ならざるもの」の境界を曖昧にする。こうして「顔」それ自体の解釈が「仮面性」を前提とし、一方で多様な「仮面」に「顔」を付託する行為が

許容されるようになる。

　今日のポピュラーカルチャーは、その活発な交雑の場としての様相を呈している。その意味は行為遂行的にファン・コミュニティの中で共有、あるいはぶつかり合う。そこではもともと「仮面」特有の憑依や変身という特異な出来事が日常化し、それが「表す・隠す」といった強化・投射メタファーの機能を加速させる。状況依存的かつプラグマティック（語用論的）な時空間の中では、新たな「象徴」が形成される暇が与えられない。つまり坂部が言っていた「意味されるもののない意味するもの」としての〈おもて〉は、それ自身が当て所ない「転換子（シフター）」として、存在の支えを求め彷徨うのである。

再び「能」を出発点に

　坂部の「〈おもて〉の解釈学」では、能楽の〈面〉と〈直面（ひためん）〉の機能的等価性を出発点にしている（一五頁）。この「仮面」と「素顔」との質的な連続性は、〈思い〉と〈おもて〉の音と〈かたち〉〈かたり〉の音の組が指し示すように、内なるものと表出の相互作用の範列・外延をかたちづくっている。確かにこうした日本語文化の特性は（それに特権的地位を与えるということではなく）、我々が「意味」なるものとどう向き合ってきたか、その歴史とメカニズムを探る手がかりを与えてくれる。

　その点を掘り下げれば、欧米的な「仮面（ペルソナ）」の概念と日本語の「おもて」の間には、意味論的に決定的な違いはないことがわかってくる。一見、コメディア・デラルテやカーニバルの仮面と、能面の存在感は全く正反対を向いているようにも思えるが、しかしそれは、人間の生と死という避けがたい共通基盤の上に施された、表出のエネルギーあるいは装飾モードの組織化の差にすぎない。そう考えるならば、再び「仮面の問い」に向き合う機会を得た半世紀後の我々も、「能」を学ぶところから始めるのが常道だろう。

白洲正子は『能の物語』（一九九五年）の「おわりに」で、「わたくしたちの祖先が、仮面というものに対して、およそどのような考えかたをしていたか」について次のように述べる――「実際にも面をつけると外部の世界から隔絶され、現実から遠くはなれて行くような気持ちになるものです」。この「別の世界」との邂逅という物語の核が「面〈おもて〉」によって担われていることに、その様式が六〇〇年前に出来上がってから、今日に綿々と継承されてきた謎を解く鍵がある。しかし「面」に集約された象徴機能だけでは、その説明は不十分だ。

「舞」「謡」「囃子」の三つの要素、簡素を極めた舞台、シテとワキという自他のミニマルな関係性がナラティヴを動かす――「面〈おもて〉」はそこで視線を集め、また再び時空間に広げるメディア論的中心点として機能する。能面には「中間表情」と「瞬間表情」があると言われている[*4]。「中間」とは、そこから様々な情念に解釈を広げるべき始点を指し示している。すなわちそこは「無表情」との臨界点として、舞台上の様々な要素や観る者との関係を指し示すシフターの起動点であり、記号過程の「端緒」として発見されるべきものであるということができよう。「挫折」と「楽観」に引き裂かれないようにするには、この「中間」に踏みとどまって考えなければいけない。

「仮面」は芸能や狭義の文化現象に閉じた概念ではないことはもはやいうまでもないだろう。それはアニミズムの太古からデジタル・テクノロジーの現代までを貫く、一つの「記号過程」を捉える概念装置なのである。

＊4 「中間表情論」は漱石門下の英文学者、野上豊一郎（一八八三―一九五〇）の説に由来する（野上『能面論考』小山書店、一九四四年）。伊海孝充編『野上豊一郎の能楽研究（能楽研究叢書4）』（共同利用・共同研究拠点「能楽の国際・学際的研究拠点」野上記念法政大学能楽研究所、二〇一五年）も参照。

第Ⅲ部　ポピュラーカルチャーの「仮面性」

拡散する顔と過剰化する表情――マンガ／ＴＶドラマ論からのアプローチ

前川　修

この三年間あまり、私たちはマスクで顔を覆ってきた。いや、「マスクという言説」に世界全体が覆われてきたとさえ言える。そしてコロナ騒ぎが沈静化した現在、マスクという覆いはひとまずとりはらわれ、すべては平常時に回帰したようにも思える。

しかし、ことはそれほど単純ではないのかもしれない。

以前とは何かしら、顔への構えが変わってしまったような気がしないでもない。

例えば、コロナ生活を通じて私たちは、マスクで隠された顔の部分を美的に補正するスキルを身につけたと言われるし（だからマスクを外した本当の顔をみると、ほんの少しだけ落胆することもある）、Zoomをはじめとするビデオ通話による対話では、実はわずかに時差を挟みつつ自動的に補正するテクノロジーが介在しているにもかかわらず、人々は本当の顔とのつながりを見出していたし（だが、この時差と補正ゆえに、私たちはこの「対面」方法にすっかり疲弊してしまっていた）、さらには、映画、マンガ、ＴＶドラマなど、大衆文化の表象に無数に登場する顔、その過剰な顔の演出に心を揺さぶられることも多かったかもしれない（その反面で、そうした質的、量的に過剰な顔と、それを見ている当の私たちの、マスクに覆われた日常の顔との落差に、ふと気づいて驚く人も多かったかもしれない）。

このように考えてみると、コロナ禍ではリアルな顔が遮られ、フィクショナルな顔が前面に露出し、後者の顔のほうに、私たちはリアリティを強く感じるようになった、そう言うこともできる。

いや、それもあまりに単純すぎる結論だろう。

そもそもコロナ・マスク以前から、私たちは顔に取り囲まれてきた。「顔身体学」で知られる山口真美の指摘によれば、この三〇年の間に、私たちが記憶する顔の数は五倍に増大しているという（現在、人は五〇〇〇人の顔を覚えているらしい）[*1]。それは、二〇一〇年頃から広まったＳＮＳなどの、インターネット環境とも無関係ではない。間接的な顔、そのつながりで私たちは世界を構成している。あるいは、オンデマンドで見ることのできる様々なドラマでも、おそらくスマホなどでの視聴をベースとしているためであろう、以前よりも顔を大写しにする傾向もある。こうして顔は拡大し、増大し、拡散し、私たちを覆い尽くしてきた。

いや、もっと遡って考えてもいいかもしれない。一九六〇年代以降、私たちは、ドキュメンタリー番組やＴＶドラマで無数の他人の顔を毎週見るようになる。私たちは登場しては交代し、そうして拡散する顔の群れにそれとなく晒されつづけてきた。あるいは、漫画雑誌を通じて私たちは、多種多様な顔の記号を目にし、そこに現実の顔よりも生々しい感情を読み取ってきたはずである。いや、そもそも私たちは、顔でもない周囲の世界の至るところに顔やその表情を見出さざるを得ない生き物でもある。だから、パレイドリア現象をただ奇妙なものと笑ってすませられないほど、私たちは顔や表情につねにとりつかれている[*2]。それは、マスクに覆われていたコロナ禍の只中でも、それ以前でも、同じことだったかもしれないのである。

＊

＊1　山口真美「顔身体通信7　個別の顔が必要な時代、不要な時代」『ＵＰ』二〇二三年四月号、東京大学出版会、五〇頁。

＊2　パレイドリア現象については以下を参照のこと。高橋康介『越境する認知科学10　なぜ壁のシミが顔に見えるのか――パレイドリアとアニマシーの認知心理学』共立出版、二〇二三年。また、いかに顔が脳にとり憑いているかをコンパクトにまとめたものとして、以下を参照のこと。中野珠美『顔にとり憑かれた脳』講談社現代新書、二〇二三年。

この部では、コロナ禍で表面化した「マスク」／「顔」の問題を中心に議論を行う。ただし、マスク／アンチマスクの対立などといった、わかりやすい問題は扱わない。むしろ逆に、マスクによってあらためて露わになる顔の問題を考え直すことを、ここでは試みている。

登壇したのは、マンガ研究のパラダイムを転換させた夏目房之介、演劇研究者でもあり現在のドラマについて数多く考察を行ってきた岡室美奈子、人間の何気ない行動やふるまいからマンガやアニメや映像、さらには介護現場など、広範な文化的対象にアプローチを試みる細馬宏通の三名である。また、マンガ研究者の竹内美帆にも議論に加わっていただいた。

先取りしていえば、マンガ、映画、TVなどの表象メディアを介した顔が、それぞれに顔／マスクの複雑な関係を身体的に表面化させていること、それが三つの報告をつなぐ軸になるだろう。

夏目の報告ではマンガ表現における顔、その「表情の微分化」とそれに拮抗する表情のゼロ化という力学、顔の諸要素の「選択と結合」による表情＝感情の生成の仕組みが明らかにされ、竹内によるコメントでは、このマンガ表現論自体の生成の裏地にある模写の身振り、それがそもそも顔のメディアであるマンガの核と結びついているのではないのかという指摘がなされる。続く岡室の報告では、ドキュメンタリー番組やドラマにおいてTVスクリーンに映し出されるクロースアップの顔、それは生々しい顔を伝えるというよりは、TVの「マスク性」を伝えると同時に、顔の現前性とは何かという問いをダイナミックに視聴者に投げかけているのではないか、宮藤官九郎脚本のドラマ『俺の家の話』を収斂点にそうした議論がなされた。さらにそのバトンを受けた、細馬の報告では、口だけを覆うマスク／口だけを出すマスク、その両者の間に、身体性や匿名性の隠蔽／露出の力学が錯綜した仕方で介在しているのではないか、映画やマンガの表象の豊富な事例から問題が提起された。

実際にマスクをするかしないかにかかわらず、私たちはメディアの表象における顔／マスク問題を通じて、他者とのコミュニケーションの厄介な力学をあらためて考えることができるのではないか。第Ⅲ部が他の部と結びつく論点はこうしたことになるだろう。

夏目房之介「マンガの概念と「記号」表現」

佐藤守弘（構成）

夏目房之介氏（以下、敬称略）は、言うまでもなく一九九〇年代の終わり頃に勃興した「マンガ表現論」と呼ばれるマンガ批評の新しい潮流を提示したことで知られる。マンガの物語内容に焦点を合わせ、それを時代との関係で解釈するような従来の批評の形態とは異なって、マンガの形式的側面――すなわちその物語が「どのように描かれているのか」――という点に注目する点で、彼はフォーマリズム的な分析手法を持ち込んだといえる。それと同時に、マンガを構成する視覚的な諸要素――同時期に「表現論」的アプローチを主導した四方田犬彦によれば「グラフィックな意味《セー》素《ム》＊1」――に分解して、それらの機能を分析するという手つきは、極めて記号論的な取り組みであったといえよう（図1、2）。

この部では夏目を迎えて、どのようにマンガのキャラクターの表情が作られ、それらがどのように読者に意味を伝えるのかについて、「表現論」の前提からその実践に至るまでを語ってもらった。以下にその概略を紹介していきたい。夏目は、報告の前提として四つの点を挙げた。まず、「マンガ」という現象ないし言葉を、形態面での類似のみによって《鳥獣戯画》や『北斎漫画』に結びつけるのではなく、日本の近代化の過程において西欧の衝撃を受けた結果、新たに成立した概念として捉えることであり、そのことは宮本大人の論文「「漫画」概念の重層化過程」（『美術史』

＊1　四方田犬彦『漫画原論』ちくま学芸文庫、筑摩書房、一九九九年、一四二頁。

図1　夏目房之介・竹熊健太郎編『マンガの読み方』宝島社、一九九五年

二〇〇三年三月、三一九―三三四頁）を参照すればよく分かる。さらにその概念は、成立してから全く変わっていない訳ではなく、それを支持する社会集団の変化に伴い、不断に変化し続けてきた。すなわち、マンガとは歴史的な概念であるということであり、そのことは意外にもさほど論じられてこなかったという。

続いて挙げられたのが、夏目自身が行ったことで有名な「表現論」的な視点――マンガを要素に分解して、その形式を分析する手法――が、なにも夏目の独創という訳ではなく、戦前からマンガの描き方指南のようなかたちですでにあり、その源泉はアメリカにあったという点である。さらにそれは世界的にいうと十九世紀のロドルフ・テプフェール（Rodolphe Töpffer, 1799-1846）にまで遡ると述べた。

第三点はマンガ概念の変容についてであった。清水勲（一九三九―二〇二一）によると、マンガという概念が一般に定着するのは大正期くらいであるというが、それが第二次世界大戦後に大きな変化を起こす。戦前から戦中にかけての新漫画派集団*2が定着させたマンガという概念を、戦後に手塚治虫（一九二八―八九）がひっくり返すこととなる。手塚が刊行した雑誌『COM』（虫プロ商事、一九六七―七一）に文化人が引き寄せられ、草森紳一（一九三八―二〇〇八）や『ガロ』系の石子順造（一九二八―七七）らがマンガの言説空間を構築していく。その影響下に圧倒的な人口を誇る「戦後ベビーブーマー」世代として、夏目や大塚英志らは思春期・青年期を送り、新漫画派集団の「おとなマンガ」ではなく、手塚型のストーリーマンガを支持した。

そして最後に、一九九〇年代にマンガの形式を要素分解して記号論的に読み解く「マンガ表現論」が登場し、支持されたことが指摘された。十年以上続いた『BSマンガ夜話』（NHKBS2、一九九六―二〇〇九）の影響も大きかった。一方で、「手塚中心主義」と言ってもいいような

図2　夏目房之介『マンガはなぜ面白いのか――その表現と文法』NHK出版、一九九七年

*2　一九三二年に近藤日出造（一九〇八―七九）、杉浦幸雄（一九一一―二〇〇四）、横山隆一（一九〇九―二〇〇一）ら、当時若手の「大人漫画」の作家たちが結成した団体。

偏向を示してしまったという憾みもあるという。ともあれ、自身も認めるように、その表現論が二〇〇〇年代以降のマンガ研究の学術的な広がり[*3]につながったことは間違いないだろう。

夏目自身は、「八〇年代の面白主義」という潮流のなかで、マンガ家＋コラムニストとして「面白マンガ批評」も行っていた。[*4]しかし八九年の手塚の死を承けて、本格的なマンガ批評を試みるようになり、九二年に『手塚治虫はどこにいる』（筑摩書房）を上梓する――その時には、大学で教鞭を執る[*5]ことになるとは、想像もしなかったという。

さて、ここから夏目一流の表現論的分析手法についての解説がはじまる。図3の左は手塚治虫

図1－3　のらくろの困った表情（田河水泡『のらくろ』1931～41年　少年俱楽部）
図1－4　レオの困った表情（手塚治虫『ジャングル大帝』1950～54年　漫画少年）
図1－5　のらくろにレオの目と眉を入れてみる
図1－6　レオにのらくろの目を入れてみる

図3　手塚治虫による目（夏目『マンガはなぜ面白いのか』23頁）

＊3　日本マンガ学会の設立が二〇〇一年であることが、そのメルクマールであろう。

＊4　たとえば『夏目房之介の漫画学――マンガでマンガを読む』（大和書房、一九八五年）、『男と女の法則――マンガ・セクソロジー入門』（NON BOOKS、祥伝社、一九八七年）、『消えた魔球――熱血スポーツ漫画はいかにして燃えつきたか』（双葉社、一九九一年）。

＊5　二〇〇八年から二一年まで、学習院大学大学院人文科学研究科身体表象文化学専攻教授。

『のらくろ』ののらくろと、右は田河水泡『のらくろ』ののらくろである。両者とも動物であるにもかかわらず、「こまった表情」を見せているのだが、夏目は、その目の描き方の違いに注目する。レオの場合は、眉が描かれているため、そのかたちを変えることで「こまった」表情を作り出している。それに対し、のらくろは顔がまっくろけなので眉が描けない。そこで左目の上を欠けさせることで「困った」表情を作っている。夏目は、両者の目を入れ替えることで、眉の効果の大きさを視覚的に説明するのである。

夏目によれば、手塚がなしたのは、「表情の微分化」であった。すなわち、「嬉しい＝笑う」と「悲しい＝泣く」の間に、既存のさまざまな要素を組み合わせることで、中間の表情を作った。それによって、長い物語を紡ぐことが可能になったのである。

ところが、手塚の開発した手法が成立した途端に、それを否定して、抑制するという表現が登場する。たとえば、常に同じ表情をし続ける――さもなければ機能しない――『ゴルゴ13』が挙げられる。さらに夏目の「世代のアイドル」にして「天才」と呼ぶ吾妻ひでおの作ったキャラクターが紹介される。おたくの表象とも考えられるマスクをした男性や虚無のかたまりである「のた魚」――目が死んでいて、その死に具合で価値が出る――など（図4）においては、表情をなくすということが意図的であると考えられる。

そういった時代を経て、夏目は、十歳くらい下でおたく第一世代であった竹熊健太郎とともに、『マンガの読み方』を発表することとなる。竹熊はそこでマンガの諸表現を「漫符」と呼び、それを分類して百科全書的な体系性を持たせようとした（図5）。ただし、夏目はそれに限界を感じていたという。というのも、漫符とは、マンガにおけるさまざまな記号の使用のごく一部に過ぎないからである。

マスクをしている無言の人物（吾妻ひでお『メチル・メタフィジーク』1979〜80年 ＳＦマガジン）

図４—４　虚無のかたまり「のた魚」（吾妻ひでお『るなてっく』1979〜80年　劇画アリス）

図４　吾妻ひでおによる表情の否定と抑制（夏目前掲書、56頁）

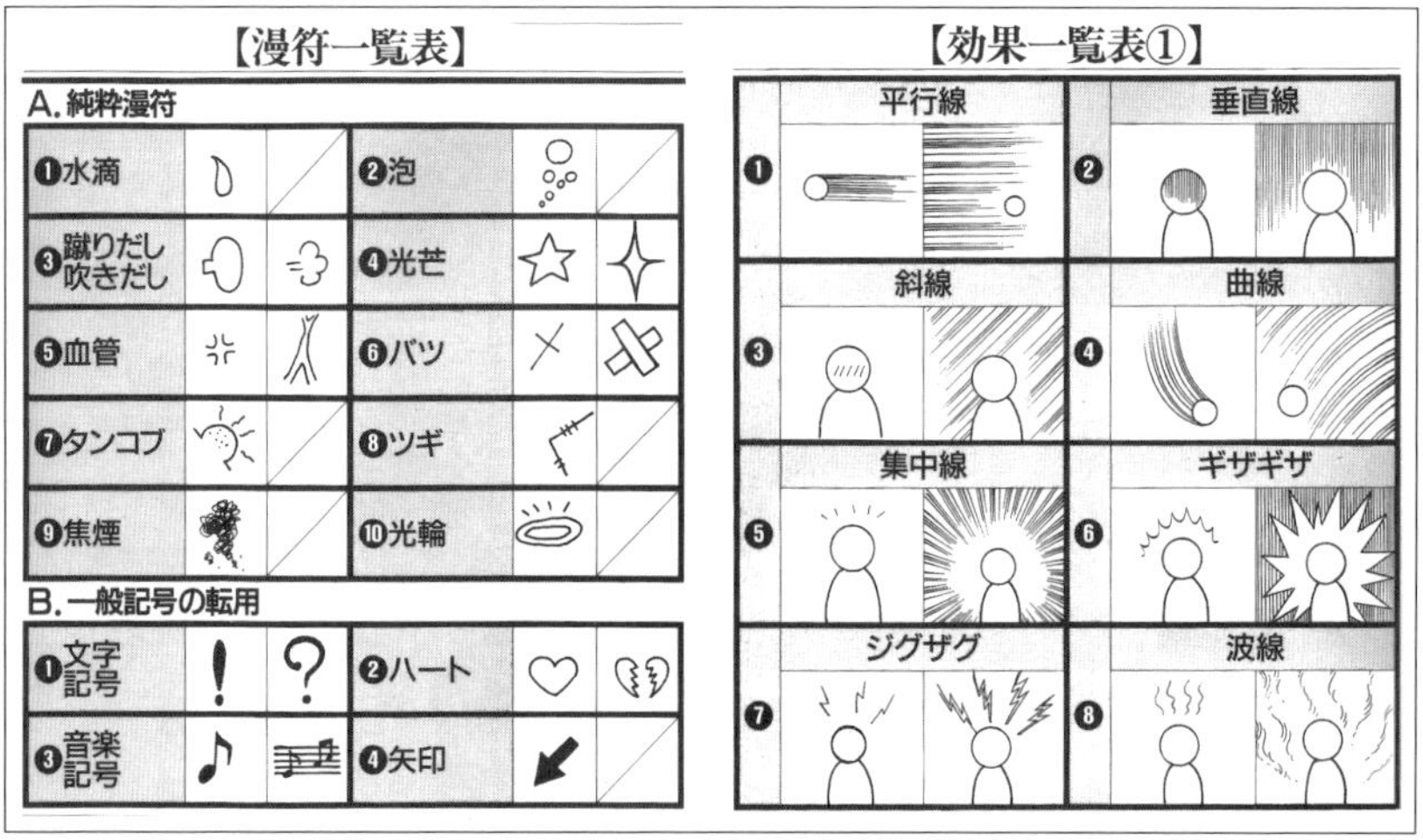

図５　竹熊健太郎による漫符の分類と体系化（夏目・竹熊『マンガの読み方』（左）80頁、（右）81頁）

夏目は、「漫符」にあたる記号を「形喩」と呼び、たとえば髪の毛の後ろに汗をかく（図6）というような、「現実の具体的対象の模写、投映の文脈を離れ、独立した「記号」と化したもの」に注目するのであった。

ここで本稿構成者の佐藤から少しコメントを付けたい。夏目らによって成立した「マンガ表現論」は、もちろん形喩の分析だけにとどまるものではなく、「コマ」によって紙面が分割され、イメージ（絵）とテクスト（文字）が共存して物語を生成し、それが読者のリテラシーによって解読されるというコミュニケーション構造にまで至るもの――すなわち、マンガが「意味」を伝えるシステムそのもの――であり、それは伊藤剛や岩下朋世などの後進たちに受け継がれていくことになる。

図6—10　修飾語のような働きをする汗（陸奥A子『ため息の行方』1984年りぼん）

図6　汗の表現（夏目前掲書、88頁）

記号学会における報告ということもあり、夏目は自らの「記号」という言葉の使用についていくばくかの逡巡を見せていた。確かに、夏目をはじめとするマンガ言説――遡れば手塚に行き着く*6――において、「記号」とは、イメージ、すなわちマンガ内の現実を模倣的に表象する絵と、テクスト、すなわち吹き出しの中に印刷書体（写植）で書かれる文字の間に、グラデーション的に存在する諸符号を指し、記号論でいう言語や文字まで含む「記号」よりは狭義であろう。しかし表現論において夏目は、たとえば顔＝表情を、眉、目、鼻、口、しわなどの要素が結合して作られたものと考える。そして、それぞれの要素には、選択されなかった変数があると考える。たとえば上記ののらくろの場合、眉は描かれていない、すなわち眉という項はヌル（空白）であり、そこにレオの眉を代入するという実験をする訳である。このように、顔というテクストを「選択」と「結合」の結果として捉える仕方は、冒頭で指摘した通り、すぐれて記号論的な考え方であったと今回の報告を聞いて改めて考えた。

*6　大塚英志・ササキバラ・ゴウ『教養としての〈まんが・アニメ〉』講談社現代新書、二〇〇一年、一六―一七頁。ただし、同書によると手塚自身は、「符牒」「特殊な文字」という言葉を使っていて、それが後に「まんが記号説」と呼ばれるようになったという。

「模写」と「顔」――夏目房之介「マンガの概念と「記号」表現」へのコメント

竹内美帆

夏目房之介自身が自著で示したように、彼の「マンガ表現論」の特徴の一つとして、マンガの線を自ら模写することを通して、その身体感覚を言語化することが挙げられる。近年のメディアの触覚性や情動性などの議論から考えれば、夏目のマンガの線に対する着眼と、その模写を通した実践は、マンガ表現を、線を「描く」という行為の身体性から紐解き、読者が表現を通して言語化しづらい様々な感覚を享受することにも焦点を合わせた、先駆的な試みであった。一方、その後のマンガ評論や研究において「マンガ表現論」が進展していく中で、マンガ表現の仕組みを「システム」として捉え、その描かれた表現がどのように解釈できるかという、ある意味でマンガ表現を「言語」的に捉える分析が主流になってきた。[*1] その潮流のなかで、夏目自身も、一九九〇年代に見せた線の分析について、二〇〇〇年代以降のマンガ研究の文脈において言及することが少なくなっている。

しかし、デジタル化により「マンガ」というもののメディア性が大きく変わりつつある現在、海外の研究も含めて、夏目の「表現論」を再考する論考が登場している。[*2] 例えば、西兼志「〈顔《キャラ》〉をかくこと」（二〇二二年）[*3]では、夏目の「表現論」と、書道家・石川九楊による「臨書」論とを「身ぶり」という観点から接続している。石川は、手本を見ながら書く「臨書」という行為につい

＊1　二〇〇九年に邦訳されたティエリ・グルンステン『マンガのシステム――コマはなぜ物語になるのか』（野田謙介訳、青土社、原著は一九九九年）や、三輪健太朗『マンガと映画――コマと時間の理論』（ＮＴＴ出版、二〇一四年）など。

＊2　Lukas R. A. Wilde, "Material Conditions and Semiotic Affordances: NatsumeFusanosuke's Many Fascinations with the Lines of Manga" (*Mechademia: Second Arc*, Vol. 12, No. 2, 2020, pp. 62-82) など。

＊3　西兼志「〈顔〉をかくこと――メディア、アテンション、ハビトゥス」鈴木雅雄・中田健太郎編『マンガメディア文化論――フ

て、書を書く手の動きや体全体の動きを含めて、その書く身振りを追体験していると定義づける。*4西は、そこに夏目の「模写」との共通性を見出し、ともに表現に保存された身ぶりを再活性化する実践であると位置づけている。*5

西の議論を引き継ぎながら、書道とマンガを比較すれば、書道の場合は言葉が書かれるが、マンガの場合は「顔」が描かれるという点に大きな違いがある。「顔」という文脈から、四方田犬彦『漫画原論』（一九九九年）において「漫画においてしか成立しない二つの法則」として挙げられる、「二度と同じ顔が描かれることはない。同一の顔を際限なく描き続けることができる」*6という有名なフレーズを思い出したい。夏目は、『マンガはなぜ面白いのか』において、マンガの登場人物の顔を描線の質を変え模写することで、どれほど印象が変わるかを示した（図7*7）。

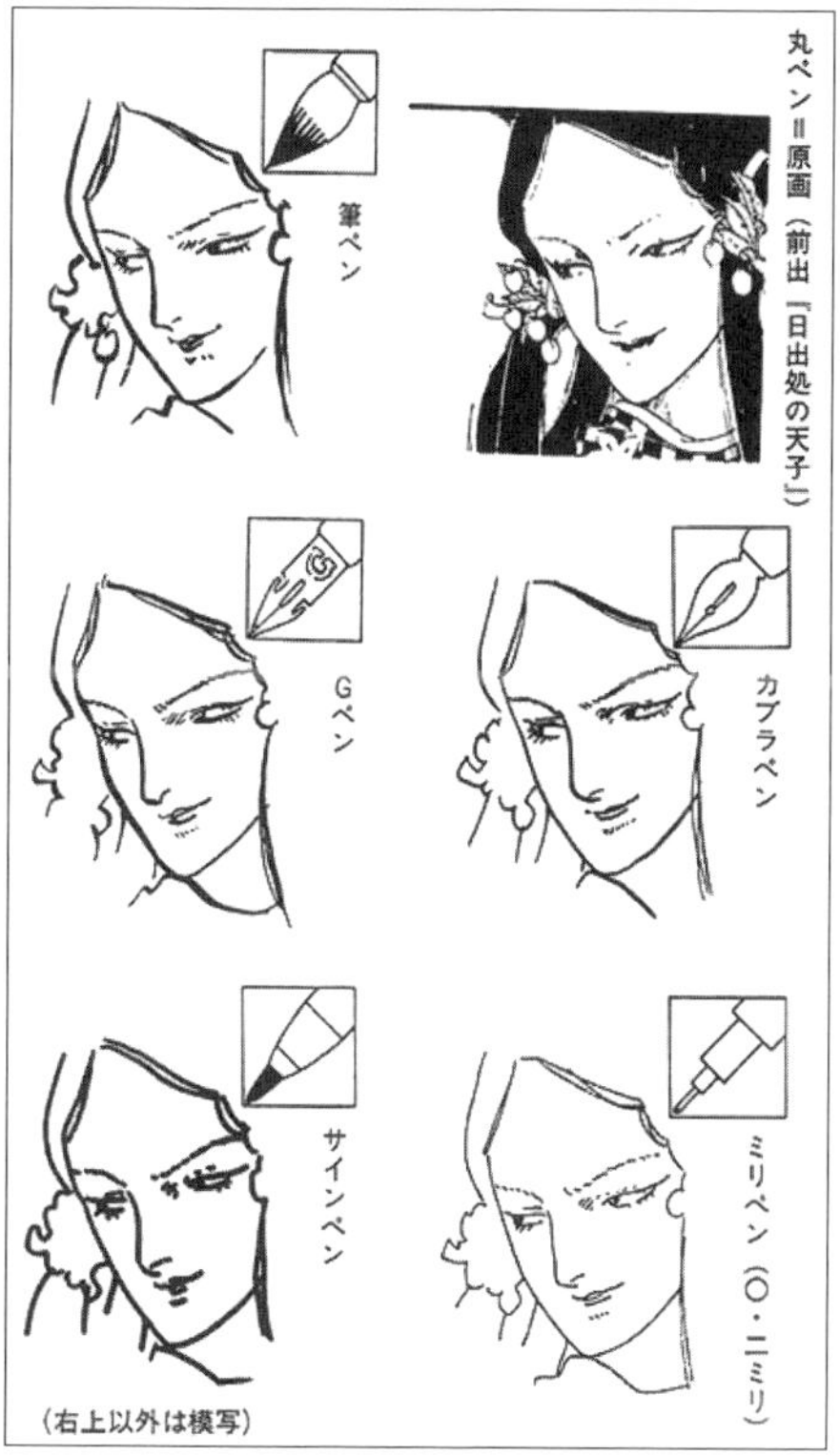

図7　ペンの種類によって変化する描線（夏目房之介『マンガはなぜ面白いのか』33頁）

レームを越えて生きる方法』（水声社、二〇二二年、三九三―四一三頁）。同様の議論が、西兼志「〈かくこと〉をめぐって――記号・メディア・技術」日本記号学会編『ハイブリッド・リーディング』（新曜社、二〇一六年、一四二―一六三頁）でも展開されている。

＊4　石川九楊『筆蝕の構造――書くことの現象学』筑摩書房、一九九二年。

＊5　西兼志『〈顔〉のメディア論――メディアの相貌』法政大学出版局、二〇一六年、一六一―一六二頁。

＊6　四方田犬彦『漫画原論』ちくま学芸文庫、筑摩書房、一九九九年、一八六頁。

＊7　夏目房之介『マンガはなぜ面白いのか――その表現と文法』ＮＨＫ出版、一九九七年、三三頁。

ここで夏目は、マンガの線の質には、ペンの種類などの制作道具により生じる違いだけでなく、作者自身の手癖なども含めた個性が現れ、「キャラ」自体が立ち上がっていくことを示している。同一の要素や意味内容を指す表現であっても、その線の質により、読者が想起する「キャラ」は変わっていく。夏目は、マンガは「顔」のメディアであるという前提のもと、その顔を描く際の線そのものに感性的な眼差しを向けていたのである。

近年、NHKによるテレビ番組「漫勉」*8や数々のマンガ展におけるライブドローイングなどに代表されるように、一般大衆がマンガ家による描く行為を目にする機会も増えている。一方で、AIによるイラスト生成のように、身体が介在しない表現も数多く生み出されている。夏目による「マンガ表現論」の現在的な意義を問い直し、マンガ以外のメディアも含めた議論と接続する回路を開くことの可能性が、改めて感じられた。

*8　マンガ家浦沢直樹が聞き手となり進行する、マンガ家の制作現場に密着するドキュメンタリー番組。二〇一四年一一月にパイロット版であるシーズン0が、二〇一五年九月よりシーズン1が放送され、二〇二二年三月より「漫勉neo」が放送された。総勢三〇名以上のマンガ家が出演し、それぞれのマンガ家が実際に「描く」過程をじっくりと視聴者に見せることが特徴。

テレビドラマとマスク――『俺の家の話』を中心に

岡室美奈子

はじめに

テレビは人の顔のクロースアップが多用されることから、「顔のメディア」であると言われますが、画面に映る平面的な顔はその人物のアイデンティティを必ずしも示すものではなく、その意味でテレビの画面は仮面＝マスクに過ぎないのではないか、そしてコロナ禍でそのことが露呈したのではないか――そういう問題意識の下に、コロナ禍におけるテレビドラマの傾向を概観した上で、宮藤官九郎が脚本を書いた『俺の家の話』を分析してみたいと思います。

①テレビは顔のメディア（か？）、②コロナ禍における日本のテレビドラマのある傾向、③マスクドラマとしての『俺の家の話』という順番でお話をさせていただきます。

①テレビドラマは顔のメディア（か？）

まず、①テレビは顔のメディアである（か？）から始めます。一九二六年一月二六日の世界初のテレビ画像と言われているものを見ると、画面いっぱいに顔が映っています。[*1] 今のような薄型の大型テレビだとピンときませんが、テレビ草創期には一四インチぐらいの箱型のテレビが主流だったので、ほぼ実物大の顔のクロースアップが多用され、これが、「頭部、顔のアナロジーとしてのテ

＊1　John Logie Baird による「Oliver Hutchinson の顔」（一九二六年一月二六日）。"See the first TV image from John Logie Baird's early 7 Televisor demonstrations: The first TV images were described by a journalist in 1926 as 'faint and often blurred'"（二〇一六年一月二六日掲載）を参照されたい。https://www.independent.co.uk/tech/see-the-first-tv-image-from-john-logie-baird-s-early-televisor-demonstrations-a6834416.html（二〇二三年六月一〇日閲覧）

レビ」という発想を生み出します。[*2] たとえばこんなイメージです（図1）。[*3] テレビ黄金時代の切手[*4]を見ると、どの切手も画面いっぱいの顔シリーズなんですね。やはりテレビは顔を映し出すメディアであったと言えます。そうすると、テレビ映えのする化粧が生み出されてマニュアル化されたりもします。[*5] 鷲田清一は『顔の現象学』において次のように指摘しています。

> 整髪・洗顔・髭剃り、そして化粧。顔はいつも技巧的にメイクアップされている。そうすると、ありのままの顔、「自然の」顔というのは、そもそも不可能な顔のことなのではあるまいか。そのような対象としての顔の同一化の問題がここで生じる。[*6]

鷲田の指摘を踏まえれば、「ありのままの顔」「自然の顔」などそもそもありえないということになりますが、ここで重要なのは、草創期からテレビ出演者は顔をリプロデュースしてきたということです。つまり、画一化されたテレビ用化粧という、顔の個別性を否定するような、一種の仮面を装着していたと言えるでしょう。

　ところで一九六〇年代のＴＢＳは、テレビとは何かという問いに極めて意識的で、優れたドキュメンタリーを何本も制作しています。寺山修司、萩元晴彦の『あなたは……』[*7]という有名な作品もその一つです。この番組では、女子大生が道行く人や働く人に、「あなたは幸福ですか？」「東京はいい町ですか？」「天皇陛下は好きですか？」など、さまざまな問いを投げかけますが、最後に「あなたは一体誰ですか？」と尋ねます。これがとても興味深い。たとえば、スーツにネクタイ姿で眼鏡をかけたいかにもサラリーマン風の男性は「難しいですね、ちょっと……今は……はい」と

＊2　“an intimate medium”としてのテレビについては、Martin Esslin, “Samuel Beckett and the Art of Broadcasting,” *Encounter* 45（1975）などを参照されたい。

図1

＊3　https://www.freepik.com/premium-photo/businessman-with-old-tv-instead_38716127.htm#fromView=search&page=1&position=11&uuid=2813f56c-9655-4530-9221-b56aba08f0a2

＊4　“The Denver Post.” https://www.denverpost.com/2009/08/11/golden-age-of-tv-postage-stamps-debut-in-denver/（二〇二三年六月一〇日閲覧）

答え、若い女性は「え？　うふふ、そう、東京の、東京に住んでる者と考えておけば、いいと思います」と答えます。

画面いっぱいにクロースアップで匿名の通行人の顔が映るこの番組は、テレビは顔を映し出すメディアであるということを踏まえれば、極めてテレビ的だと言えます。では、顔は「私」が「私」であることを保証するのでしょうか？　ここでは顔は、「あなたは誰ですか？」という問いへの答にはなっていません。画面に映る顔は、インタビュイーのアイデンティティを示すものではなく、むしろ誰でもないという匿名性を際立たせているように見えます。つまりテレビの画面は、一枚の仮面のように機能していて、視聴者はその人自身に到達することを禁じられています。それをさらに過激に押し進めたのが、私の専門であるサミュエル・ベケットのテレビドラマ『わたしじゃないし（*Not I*）』[*8]です。

この作品では、画面いっぱいに人間の「口」だけがクロースアップで映し出されます。ＣＧなどではなく、本物の口です。その口が洪水のように大量の言葉を早口でまくしたてます。ごく簡単に内容をご紹介しておきます。「口」が、ある女性の不幸な人生の物語を「彼女」の物語として語るのですが、やがて「口」自身の物語であるかのように聞こえてきます。が、最後まで「口」と物語の主人公である「彼女」との関係は曖昧なままです。そもそもこの『わたしじゃないし』という作品は舞台用に作られたものですが、ＢＢＣでテレビ化してベケットが大変喜んだという経緯があります。おそらく舞台よりもテレビの方がよく機能したということでしょう。ここでは「私」という主体というより、まさに口がしゃべります。そもそも語る主体たる「私」など存在しないということを、非常にラディカルに表現した作品であると言えます。舞台で上演されるときには、口だけ出して、ほかは黒い幕で覆うことが多いですが、そうするとその後ろに俳優の身体がなんとなく感じ

＊5　"Early Television: RCA TV Development: 1929-1945," *AWA Review*, Vol. 26, 2013. https://www.earlytelevision.org/rca_story_brewster.html（二〇二三年六月一〇日閲覧）

＊6　鷲田清一『顔の現象学』講談社学術文庫、一九九五／一九九八年、一七頁。

＊7　寺山修司・萩元晴彦『あなたは……』ＴＢＳ、一九六六年。

＊8　Samuel Beckett, *Not I*, Faber and Faber, 1972. ＢＢＣによるテレビドラマ化は一九七五年。邦訳『わたしじゃないし』岡室美奈子訳、『新訳ベケット戯曲全集2　ハッピーデイズ――実験演劇集』白水社、二〇一八年。

られます。しかし二次元のテレビの画面には身体というものが存在しません。グレイリー・ヘレンは、こういったベケットのテレビドラマについて、「現前を装った不在（absences masquerading as presence）」であると言っています。[*9] この「現前を装った不在」というのがまた、画面の仮面性を言い表しているように思われます。

ここで坂部恵の『仮面の解釈学』から〈おもて（面）〉について、引用しておきましょう。

〈おもて〉は〈先験的な意味されるもの〉としての、真実在界あるいは〈背後世界〉を指し示しあらわす〈仮象〉や〈表象〉ではないのだ。[*10]

強いて記号論論的な用語によって表現するとすれば、したがって、〈おもて〉は〈意味されるもののない意味するもの〉である。[*11]

テレビの画面が仮面＝マスクに過ぎないならば、この坂部の指摘を踏まえて、そこに映し出される顔はその背後に想定される起源＝実体としてのアイデンティティから切り離されたものであると言えます。そのことを前提として、この後の議論を進めていきます。

②コロナ禍における日本のドラマのある傾向

さて、ここでコロナ禍における日本のテレビドラマのある傾向に触れておきます。時間の関係で、二つだけ作品をご紹介します。

一つは、二〇二〇年五月にＮＨＫで「テレワークドラマ」として放送された、森下佳子脚本

＊9　Graley Herren, *Samuel Beckett's Plays on Film and Television*, Palgrave Macmillan, 2007, p.65.

＊10　坂部恵『仮面の解釈学　新装版』東京大学出版会、二〇〇九年、一一頁。

＊11　同上、一一頁。

『転・コウ・生』[*12]です。放送時は、自粛期間中でテレビを制作するスタジオが稼働していませんでした。なので、スタジオを使わずにどうやってテレビ番組を作るか、様々な試みがなされた時期です。この『転・コウ・生』というドラマは、俳優たちがそれぞれ自分の家などにいて、Zoomでつないだものです。この、Zoomの画面を使っているということ自体が本発表にとっては重要です。というのも、Zoomの画面は、皆さんご存知のように、修正をはらむものです。補正機能もありますし、眉や唇をごく自然に貼り付けるエフェクトもあります。顔をありのままに映し出すわけではないという意味では、一種の仮面と言えます。先ほど述べたようにテレビの画面自体が仮面であるとすれば、Zoomの画面をテレビで映すと、二重に仮面を装着していることになります。

そしてここで注目したいのは、このドラマが「入れ替わりもの」だということです。柴崎コウ、高橋一生、ムロツヨシ、猫の四者の中身が入れ替わって、柴崎コウの顔のムロツヨシが鼻をほじったり、髙橋一生の顔をした猫が床にはいつくばったりします。普通入れ替わりものは、最後に元に戻って、ああ、よかったねで終わるのですが、このドラマは最後まで元に戻りません。それは、コロナ禍が終わっても元の日常には戻らないというメッセージのようにも感じられました。が、今日の文脈で興味深いのは、画面越しに見る俳優たちの顔が、中身が入れ替わっていることで、それぞれのアイデンティティを示していないということです。そういう意味では、画面上の顔が仮面でしかないことを露呈した作品であると言えます。

もう一つご紹介したいのが、二〇二〇年六月にフジテレビで「ソーシャルディスタンスドラマ」と銘打って放送された『世界は3で出来ている』[*13]です。このドラマでは、林遣都が一人で三つ子を演じ分けました。内容は省略しますが、林遣都はしゃべり方や性格を巧みに演じ分けて三つ子を見事に表現してはいるものの、いかんせん同じ顔ですから、画面に映る顔がアイデンティティ認証に

＊12　『転・コウ・生』はNHKテレワークドラマ『今だから、新作ドラマ作ってみました』の第三夜として、二〇二〇年五月八日に放送された。脚本：森下佳子、演出：小野見知、プロデューサー：中野亮平。

＊13　ソーシャルディスタンスドラマ『世界は3で出来ている』（脚本：水橋文美江、演出／プロデューサー：中江功）は、フジテレビで二〇二〇年六月一一日に放送され、第五八回ギャラクシー賞テレビ部門大賞を受賞した。

果たす役割はとても小さい。こうしたドラマがコロナ禍において制作されたのは、日常的にみんながマスクを装着するようになって、顔はアイデンティティ認証に役立たないという意識の変化が起こったことと無縁ではないように思われます。[*14]

さて、その一方で、「拡散する顔と過剰化する表情」というこのセッションのテーマに鑑みれば、このドラマに言及せざるを得ません。ご存知『半沢直樹』[*15]です。これは、「顔芸大会」という言葉も生み出しましたが、とにかく至近距離でどなり合うシーンの多いドラマでした。主役を演じた堺雅人さんは、インタビューで「本番だけはマスクを外せる。それは今、皆さんができないことじゃないですか。だから皆さんの分までぶつかり合いをしてるんだと思うと頑張れる」[*16]とおっしゃっていますが、ツイッターでは、例えば「半沢直樹、みんな怒鳴りすぎだからマスクしてほしい」といったツイートが散見されました。あるブログでは、「顔と顔がくっつく至近距離から相手の名前を言え、さっさと吐けと攻め立てる。時代考証にうるさいはずのテレビ局制作担当が注意しないのはなぜか」といった疑問が呈されました。[*17]これはつまり、視聴者の感覚自体がもはや「ノーマスク、ノーライフ」になってしまったことを示しているとともに、マスクなしの対面での過剰な顔芸が、むしろドラマへの没入を阻害したことを示してもいます。その意味で過剰な表現もまた、画面の表面に貼り付いたマスクとして機能したのではないか、そして本来表情が指し示すはずのドラマへの到達を不可能にしてしまった面があったのではないかと考えられます。つまりマスクをしないことで、画面自体のマスク性を浮き彫りにしてしまったのではないでしょうか。

③マスクドラマとしての『俺の家の話』

③-1 主人公・観山寿一の両義性

＊14　翌年には、よるドラ『きれいのくに』（脚本：加藤拓也、演出：西村武五郎ほか、プロデューサー：小西千栄子ほか、NHK、二〇二一年四月一二日―五月三一日）が放送された。このドラマでは、美容整形が当たり前で、男性は稲垣吾郎、女性は加藤ローサの顔に整形されている世界が描かれたことも付記しておく。

＊15　『半沢直樹』は、池井戸潤の同名小説を原作とし、TBS系列「日曜劇場」枠で、二〇一三年七月七日―九月二二日と二〇二〇年七月一九日―九月二七日に放送された。ここで取り上げたのは、コロナ禍の渦中に放送された続編のほうである。

＊16　「密接で濃いぶつかり合いを」マスク外した堺雅人、芝居できるうれしさコロナ禍で痛感
https://www.sponichi.co.jp/entertainment/news/2020/07/14/kiji/20200713s00041000397000c.html

ここからがようやく本題なのですが、テレビにおけるマスクにもっとも自覚的なドラマとして、放送され、宮藤官九郎が脚本を手がけました。概要は以下の通りです。『俺の家の話』[*18]を取り上げたいと思います。コロナ禍の最中の二〇二一年一月から三月にかけて放送され、宮藤官九郎が脚本を手がけました。概要は以下の通りです。

能楽・観山流宗家の長男・観山寿一（長瀬智也）は、決して褒めてくれない父に反抗し、一七歳でプロレスに入門し、「ブリザード寿」という名でプエルトリコ・チャンピオンにまでなりますが、今は落ち目です。そんな時、人間国宝の父・寿三郎（西田敏行）が倒れたという知らせが届きます。寿三郎は一命を取り留めたものの、寿一はプロレスを引退し、宗家を継ぐことを決意します。しかし、諸事情からプロレスを引退できない寿一は「スーパー世阿弥マシン」という覆面レスラーとしてプロレスを続け、密かに能楽師とプロレスラーという二足の草鞋を履くことになります。寿三郎が倒れ、寿一は父の死の床で一門が見守る中、鏡の間で能装束ではなくスーパー世阿弥マシンに着替え、父の好きなプロレスのコールによって父を生の世界に呼び戻します。ところが最終回で、寿一のほうがスーパー世阿弥マシンの引退試合で死んでしまいます。新春公演の『隅田川』が上演される能楽堂に亡霊となった寿一が現れて、寿三郎に「お前は「人間国宝」ならぬ「人間家宝」だよ」と初めて褒められて終わります。

まずこのドラマがなぜマスクドラマなのかをご説明しておきます。本作には、さまざまなマスクが出てきます。感染予防マスク、プロレスの覆面、フェイスシールド、そして能面。面白いことに、寿一はプロレスの覆面の上に能面を二重に装着したりもします。寿一が死んだ時に遺体に掛けられる白い布も含め、寿一は様々なものを顔面に装着します。フェイスシールドも重要で、純烈ならぬ潤沢というグループの顔が印刷されたフェイスシールドを寿一らが装着して潤沢に成り代わって歌うというシーンがあります。つまり、マスクは単に顔を覆い隠すだけではなくて、虚構のアイ

＊17　「怒苦打身日記～協会顧問　喜多村悦治のブログ～　怒苦打身日記㊶　だれもマスクをしていない」https://www.shukatsu-csl.jp/ja/kitamurablog/%E3%81%A0%E3%82%8C%E3%82%82%E3%83%9E%E3%82%B9%E3%82%AF%E3%82%92%E3%81%97%E3%81%A6%E3%81%84%E3%81%AA%E3%81%84（二〇二三年六月一三日閲覧）

＊18　金曜ドラマ『俺の家の話』は、二〇二一年一月二二日―三月二六日にＴＢＳ系列で放送された。脚本：宮藤官九郎、演出：金子文紀ほか、プロデューサー：磯山晶ほか。第五八回ギャラクシー賞テレビ部門入賞。プロデューサーの磯山は、本作により芸術選奨文部科学大臣賞新人賞（放送部門）を受賞した。なお、本作の詳細については筆者のレビューを参照されたい。https://gendai.media/articles/-/81661

デンティティを上書きしていくものとしても機能する。それは、より起源へと到達することの不可能性を際立たせます。

ここで、なぜこのドラマが能楽とプロレスなのかに触れておきます。もちろん能楽は格式高い日本の伝統芸能であり、大衆的な格闘技ショーとは対極にあるものです。聖と俗と言ってもいいでしょう。ところがいくつか共通点もあります。能舞台もリングも観客に囲まれた四角い空間であること、能面や覆面を装着する（もちろんしないこともありますが）こと、そして生と死に関わるということです。この、一見相反するけれど、実は共通点を持つ能とプロレスが結合していくことが、このドラマの軸となっています。そしてそれを結合させるのが、主人公の寿一です。寿一はハイブリッドな存在として、二つの世界を往還します。そして寿一は、プロレスのためにいったん外に出たおかげで、能楽の世界の内＝家にいながらにして、外部から見ることができる存在となります。それが一番よく表れているのが、寿一が体得する「離見の見」です。もちろん世阿弥の『風姿花伝』の教えですが、寿一は見る自分と見られる自分に分裂して、「親父の席に座っている自分を客観的に見てみた。なんか違うな。あの席は親父の席だ。俺にはまだ早い。まだまだ親父にはあそこに座っててもらわなくちゃ困る」と述べて、スーパー世阿弥マシンに変身し、プロレスのコールによって父を死の淵から生還させます。

ここまでの展開では、観山家は能楽の空間として、寿一がプロレスラーとして所属するサンタマプロレスはプロレスの空間として分け隔てられていました。ところが、ここで寿一がスーパー世阿弥マシンとして観山家に登場することで二つの空間が融合していきます。父を生還させるために寿一と能楽師たちが「肝っ玉、しこったま、さんたま」というさんたまプロレスのコールを唱和することで、観山家が祝祭空間と化して、死の床にあった寿三郎が再生するという感動的なシーンとなります。

③-2「能面のような人」としての寿一

寿一は、「離見の見」を体現して、見る者でありながら見られる者でもあるという、両義的な存在となっていきます。寿一がスーパー世阿弥マシンに変身する鏡の間は、能楽の舞台で楽屋から橋掛かりに出てくる前の上げ幕の内側にあり、本来、役者が鏡を見ながら能面（おもて）を装着する場所です。高橋康也はギリシャ劇のスケーネーから能舞台と鏡の間との関係を連想し、表と裏、役割と素顔、生身と変装といった演劇につきものの二重性に着目しています。[*19] つまり鏡の間は、変身の場所であり両義的な場所であると言えます。その鏡の間に一旦入って、能装束ではなくて、スーパー世阿弥マシンとして出てくることで、能とプロレスを結ぶ寿一の両義性は完成します。そして寿一は亡霊になって、いわば山折哲雄が「死と生の領域を自由自在に行き来できるまれびとのような存在」であると述べる「能面のような人」[*20] になっていくのです。

先ほど、寿一という存在は見る者であり見られる者であると言いましたが、この両義性について考えるとき、寿一が装着する能面もまた重要な意味をもってきます。坂部恵は、おもてというのは「あらわすと同時にかくす」ものであり、「自己同一的な主体や主語ではなく、また、〈内〉と区別された意味での〈外〉でもない」[*21] として、能面の両義性を指摘しています。

このことを踏まえて、改めて寿一がどういう存在かを考えてみたいと思います。この寿一をめぐって、寿一の前妻のユカ（平岩紙）と、現在の恋人のさくら（戸田恵梨香）が興味深い会話をします。

＊19　「〔ギリシャ劇の〕スケーネーが、観客の視線にさらされる舞台空間を指す以前に、俳優が変装をこらす舞台裏、そして演技空間にぴたりと隣接してその土台ともなる建築空間を指していたとすれば、これは面白い。いささか能舞台と鏡の間の関係を連想させもする。表と裏、役割と素顔、生身と変装、といった演劇につきものの二重性がこの一語に最初から内包されているわけである」（高橋康也『橋がかり――演劇的なるものを求めて』笹山隆編、岩波書店、二〇〇三年、一五一―一五二頁）。

＊20　「舞台の上から立ち去る諸国一見の僧は、すでにその役目上のワキという素面の姿からも自由になって、能面のような人として、新しい世界に旅立っていこうとしている。その能面のような人というのは、死と生の領域を自由自在に行き来できるまれびとのような存在であるのかもしれない」（山折哲雄「能面のような人」神戸女子大学古典芸能研究センター編『能面を科学する』勉誠出版、二〇一六年、五六頁）。

＊21　坂部、九―一〇頁。

ユカ「あんな気持ちええ男おらん、けど……自分がないねん」
「能ってそうなんやろ、詳しないけど。お面、表情ないやんか。見る側の気持ちで嬉しそうに見えたり悲しそうに見えたり……それと一緒、自分がないねん[*22]」
さくら「……自分がない……それって、空っぽってことですか？」
ユカ「空っぽいうより、透け透けやな、与えてはくれるけど、こっちが返しても、受け取ってくれへん、結婚してそれに気づいた」
さくら「妖精みたいですね」
ユカ「ああ、妖精な、うまいこと言うわ（笑）妖精や、そこにおるけど触られへん[*23]」

寿一は「透け透け」であり、触《さわ》れない存在であり、妖精のような存在である、つまり人ならざる者であるということが、ここで言われています。

ここで語りの構造に目を向けてみましょう。高橋康也は夢幻能について、能舞台に私たちが見るのは生起しつつある行為ではなくて、ある人物、実は亡霊の到来であり、その人物が遠い昔に起こったことを語り直し、演じ直す姿であると述べています[*24]。この『俺の家の話』というドラマの構造を考えてみると、本作は、寿一の「これが俺の家の話」という言葉で始まることから、死んで亡霊となった寿一が、事後的に語り直し、演じ直した物語だとも考えられます。だとすれば、最終話で寿一が、このドラマ全体をまとめて「これが俺のいない俺の家の話」と言い直すのは、このドラマ全体がまさに中心が不在であったこと、寿一の存在自体がテレビの画面上に過剰に浮遊する亡霊、さらに言えばシニフィエのないシニフィアン、つまり実体を持たない仮面＝マスクであったことを示しているのではないでしょうか。すなわち、さまざまな仮面＝マスクを装着しつつ能とプロ

＊22 能面は上向けることをテラス、下向けることをクモラスと言い、一つのおもてで表情が変わる。筆者が二〇二三年三月まで館長を務めていた早稲田大学演劇博物館（エンパク）のデジタル・アーカイブ・コレクションの能面3Dは、画面上で自由に動かすことができ、角度によって能面の表情が変わるのが体験できる。また、画面上の白いボール＝光源を動かしたり背景の色を変えることで、夜の薪能などさまざまな鑑賞体験を再現できる。 https://archive.waseda.jp/archive/threeD-viewer.html?arg={%22subDB_id%22:%2258%22,%22detail_page_id%22:%2270%22,%22kind%22:%224%22}&lang=jp

＊23 『俺の家の話』の台詞はすべて、宮藤官九郎『【電子版】俺の家の話』（KADOKAWA、二〇二一年）からの引用。

＊24 高橋、二〇一頁。

レス、聖と俗、見る者と見られる者、語る者と語られる者、現実と虚構、生と死、在と不在、こういった対立する二者の間を往還し、あらゆる二元論を超越するという両義性を担う寿一は、極めて仮面＝マスク的存在であると言えます。テレビの画面は一つの仮面＝マスクで起源や実体から乖離しているという前提に立って議論を進めてきましたが、寿一の死後、生前に撮影された寿一の顔がタブレットいっぱいに映し出され、家族の食卓にかけ声をかけることは、このことをよく表しているとともに、まさに画面上にしか存在しない寿一自身の仮面＝マスク性を正しく示しています。

③-3 テレビそのものである寿一

寿一という「能面のような人」とテレビというメディアの関係について、最後に少し触れておきたいと思います。再びさくらの台詞に注目してみましょう。さくらは、寿一はスカイツリーであると言います。

さくら「寿一さんって何だろ……大きすぎるの。物理的にもだけど、存在が」

さくら「〔スカイツリーを〕近くで見たことあります？　全然見えないの大きすぎて、墨田区に住んでたんだけど、1回もてっぺんまで見た事ない、そうだよスカイツリー、寿一さんてスカイツリーなんだよ」

さくら「近くで見て、登って、初めて好きになったの」

スカイツリーの全体を見ることはできないけれど、登ってみることで触れ、好きになったとさくらは言います。スカイツリーとは、言うまでもなく電波塔で、目に見えない電波を一方的に発信するものです。このことは、中身が「透け透け」で実体を見ることができない寿一という存在と符合します。その意味で、寿一はテレビそのもののメタファーであるとも言えます。したがって、さくらの言う「スカイツリーに登る」とは、テレビの画面は仮面＝マスクにすぎず、その裏側にはなんら実体はないが、視聴者の側から番組と何らかの関係を結ぶことはできる、と言い換えられるのではないでしょうか。

これまでの議論を簡単にまとめますと、テレビは顔のメディアのようで、実は画面自体が仮面であり、その奥には何もない、まさにシニフィエなきシニフィアンであり、現前を装った不在である。『俺の家の話』の主人公・観山寿一は、実体のない亡霊としてテレビの画面に過剰に浮遊する、まさに仮面＝マスクそのものである。と同時に、すぐれてテレビ的な存在であり、テレビの画面自体が仮面＝マスクであることをメタ的に示しつつ、視聴者の側からテレビと関係を結ぶことができることを示唆してもいる、ということになります。視聴者の側からテレビと関係を結ぶとはどういうことか――そこに脚本家・宮藤官九郎のテレビ論が込められているように思われます。ここではそれを深堀りする余裕はありませんが、それは、単に発信される電波や画面上を流れてゆくイメージを受動的に享受するだけではなく、視聴者自身がドラマを一話一話見ながら自分自身の日常に接続していく行為を指しているのかもしれません。仮面＝マスクたる画面の裏側には何もなくても、それはむしろ鏡のように視聴者自身の現実を映し出しているのではないでしょうか。

おわりに

以上述べてきたように、顔とアイデンティティの乖離を描いたドラマや、テレビの画面の仮面＝マスク性に自覚的なドラマがコロナ禍の中で制作されたことは、やはり私たちが日常生活で装着してきたマスクと無縁ではないように思われます。コロナ禍は私たちの視覚とアイデンティティ認証の関係を問い直すと同時に、テレビの画面がもともとはらんでいた仮面＝マスク性を露呈させました。

　しかし、意識的であれ無意識的であれ、それを逆手にとった優れたテレビドラマがコロナ禍において生み出されたことを、正しく記憶しておきたいと思います。

仮面と声――口と声との不一致がもたらすもの

細馬宏通

わたしは他の方とちょっと切り口が違いまして、仮面と声の問題、平たく言いますと、仮面をつけてしゃべるということについてお話しようと思います。仮面がしゃべるわけがないだろう、と思われるかもしれませんが、いや、仮面をつけていても、人はしゃべることができる。ただし仮面の口の形としゃべる口の形とは一致しない。このような不一致は何をもたらすのだろう、というのがこの話の主題です。

つい最近、わたしたちはこれに似た体験をしました。コロナ禍になったとたん、みんなマスクをして口を覆いだした。だけど、やっぱりしゃべるんですよね。昨日のセッションでマスクは猿轡《さるぐつわ》だという話が出たんですけど、わたしは猿轡じゃないと思っています。マスクは猿轡とは違って、しゃべることを拘束しません。みんなマスク越しにしゃべる。問題は誰がしゃべってるかがわかりにくい、ということです。最近、ようやく対面授業が復活してきたんですけど、やっぱり半数以上の人がマスクをしています。何人かが手を挙げるんだけど、誰が「すみませーん」と言ってるのかわからなくて、発話者を見回して探してしまう。Zoomでは、発言者のウィンドウに緑の枠が出ますが、対面授業でも緑の枠が見えたらどうかなと思うことがあります。

日本では、感染率の変化にもかかわらずかなりの人がマスクをしていますが、それに比べて欧米ではマスク率が低いんじゃないかという話が、よく新聞などで報じられます。その理由についても、いくつかの説が載っている。例えば日本をはじめ韓国や東南アジアの、集団主義的な国はマスク率が高いけども、個人主義的な国はマスク率は低いという説。しかし、じつは日本人が集団主義というのは違うんじゃないかという研究もありますので（高野・纓坂 1997）、この説はちょっと眉唾かなと思っています。他にも、花粉症対策でマスクに慣れてるからという説や、羞恥心の強さのせいだという説もあって、このあたりはある程度当たっているのかなと思うんですが、今日はここにもう一つわたしの説を付け加えたいと思います。

それは「リップシンクへの志向性の文化差」が原因である、という仮説です。

リップシンクへの志向性の文化差

「リップシンクへの志向性の文化差」というのは、十年前に『ミッキーはなぜ口笛を吹くのか』（細馬 2013）という本で、日米間でリップシンクを比較したときに気づいた現象でして、アニメーションでは日本に比べてアメリカの方がリップシンクへの志向性がかなり強い、という文化差を指しています。

簡単な比較をしてみましょうか。ある程度、表情が簡素にデフォルメされている家族もののアニメーションどうしということで、『シンプソンズ』と『サザエさん』を比べてみましょう。

『シンプソンズ』の方は、ご覧になればわかりますが、意外なことに口がじつに活発に動きます。子音や母音に合わせて口回りの輪郭がダイナミックに変化して、かなり正確に声と同期しています。一方、サザエさんはどうか。こちらはかなり大雑把です。人間の下顎というものは口が開閉するときに上下に動くのですが、サザエさんの顎は動かない。顔の輪郭が止まっていて、口の部分だけが開閉している。それも、全開・半開・閉口の三段階で開閉が簡略化されていて、特に「う」だから口がすぼまっているとか「P」や「M」のタイミングで口が閉じるといった工夫はない。発声と開閉があちこちずれている。カットによっては、声が出ているのにぜんぜん口が動いてない。『サザエさん』だけじゃなくて、日本のアニメーションでは口の開閉を三段階でざっくり表していることが多いです。これは理由がありまして、英語圏のアニメーションのほとんどは声をプレレコーディング、つまり俳優が先に声を吹き込んで、それに合わせてアニメーションを作っていく。だから口が合うんです。英語圏では俳優がアニメーションの声をあてることが多い理由もここにあります。俳優が自分のタイミングでセリフを演じて、作画があとからそれに合わせて表情や口の形を動かしていく。ところが日本の場合は、先に作画をしておいて、その口の動きに後から声を合わせていく。これは難しい技術でして、アニメーションの声をあてる専門家、すなわち声優さんがアフレコをすることが多い。とはいえ、なにしろ口の動きが簡素だし、作画した人の想定したタイミングが声優さんの自然な発声のタイミングと合っているとは限りませんし、何より、たとえセリフがわかっていても、いつ口が動き出すかを正確に予測できるとは限らない。だから、作画と口の動きの間にどうしてもちょっとしたずれが生じる。それでも、わたしたちはそうしたずれをあまり気にせずにアニメを観ています。英語圏では口形を気にするのに、日本ではそれほどシビアには考えない。

人形操演に関してもリップシンクの日米差があります。アメリカのTV番組では、ジム・ヘンソンが、一九六〇年代に作ったシステム、つまり、操演者自身がしゃべりながら人形の口を動かすというやり方がよく用いられるんですが、これだと、口の開閉が非常にうまく声とシンクします。ところが日本のテレビ番組における人形操演では、伝統的に操演者と声優さんとは別人です。N

HKの『ねほりんぱほりん』では、一般の人とのトークを録音しておいて、あとから人形操演の人が口の動きや所作を合わせている。この作業を実際に拝見したことがありますが、ヘッドホン越しにきこえてくる声に合わせて、どんどん人形を動かしていくのはもう名人芸です。それでも、ジム・ヘンソン・システムとは、口の動きと声との一致のレベルが違ってしまう。

なぜアメリカでは日本に比べてリップシンクに対する志向性が強いのか。このことを傍証するおもしろい実験がありまして、それは第一言語が日本語の話者と英語の話者とで、視覚情報が聴覚情報に与える影響を比べるというものです。皆さん、マガーク効果（McGurk & MacDonald 1976）というのをご存知でしょうか。これは、口の動きの視覚情報が聴覚情報に影響を与えるという現象でして、例えば映像で子音の「B」を言っている口を見せながら、同時に音声で「D」を流すと、BでもDでもない別の子音が聞こえるということが起こります。わたしも昔、講義で見せたことがあるんですが、どういうわけか学生の反応がちょっと鈍いんですね。「ば」を言う口の動きに合わせて「だ」という音を流せば、理屈の上では「が」が聞こえるはずなんですが、視覚の影響が思ったより少なくて「だ」と答える人がけっこういる。わたしのやり方がまずかったのかなと思ってたら、認知科学者の積山薫さんが、きちんと実験で日米比較をされていて、じつは日本語第一言語話者では、マガーク効果が英語第一言語話者よりも生じにくいことがわかったんです（積山 2011）。この結果は、アニメーションでリップシンクが達成されなかったときに、英語の方が日本語に比べて聞き違いが生じやすいことを示唆しています。これは、日本語より英語の方が、よりリップシンクへの志向性が高い、という現象の一つの根拠になるでしょう。

口の形と発せられる声との間のずれに対して、日米で明らかな志向性の差がある。マスク越しに声を発することに対して、日本が英語圏に比べてより寛容なのは、この志向性の差が原因なのではないか、というのが、わたしの説というわけです。

声を発するヒーローの文化差

しかし、アニメーションやマガーク効果におけるリップシンクのずれは、あくまで動いている口と声とのずれです。一方、マスクをすると、もはや口の動き自体が不在になります。ではいっそマスクを使って口を覆ってしまったら、つまり口形の動きをゼロにしてしまったらどうなるか。このことを考えるために、仮面の形式そのものの文化差について考えてみたいと思います。

このセッションではずっと仮面というのが一元的に扱われてますけども、口の動きが見えるかどうかという点から考えますと、能面とプロレスラーのマスクと感染防止用のマスクとはそれぞれ違う。能面は顔を全部覆いますけども、プロレスラーのマスクは口と鼻が出ていることが多い。一方、いわゆる感染防止用のマスクは、口と鼻を覆います。プロレスラーのマスクが覆っていないところを覆っているわけで、つまり、スーパー世阿弥マシンのマスクを反転させたものが、私たちの感染防止用のマスクということになります。

本物のプロレスラーは呼吸の関係もあってスーパー世阿弥マシンのように口を露出させていますけれど、フィクションの世界では、日本のヒーローって割と口を覆ってるんですね。皆さん、プロレスラーのタイガーマスクをご覧になると、口開けてるとお思いでしょうけども、原作の『タイガーマスク』では、図1と図2のように、口まですっぽりマスクで覆っています。「ふん！」と鼻で笑うとき（図1）も、口はぽかんと開いている。この、発話と口形の乖離というのは、顔を全部仮面で覆った場合に起こる典型的な現象です。さらには感情と表情との乖離も起こって、たとえば、「さ　さびしい……」とタイガーマスクが心の中で叫んでも、表情は変わらない（図2）。そのこと

図1　『タイガーマスク』（講談社、一九六九年）第一巻、七七頁

図2　『タイガーマスク』（講談社、一九六九年）第二巻、一九一頁

で逆に、仮面の奥の真の表情、というようなものを考えたくなる。

一方で、もはや仮面の奥を感じさせない者もいます。一九六〇年代から一九七〇年代にかけての特撮ヒーローものでは、口を動かさないヒーローが大量に出現しました。たとえば手塚治虫原作のTV版『マグマ大使』（一九六六―一九六七年）では、主人公のマグマ大使も敵役のゴアも全身着ぐるみで、あれこれしゃべるにもかかわらず一切口が動きませんでした。さらに有名なところでは、『ウルトラマン』（一九六六―一九六七年）。ウルトラマンはよく「ヘアーッ」って発声するんですが、口は一切動きませんし、ピンチのときも表情は変わりません。図3は楳図かずおが描いたマンガ版『ウルトラマン』ですが、ほとんど恐竜に食われかかって「ううう」となっていても、あの仏像のような口形も表情も全く変わらない。この造形は、現在の「ウルトラマン」シリーズまで一貫してますね。ちなみに、楳図かずおは、声と口の関係について非常におもしろい表現を行った作家でして、あとでまた取り上げます。

一九六〇年代後半から一九七〇年代にかけてTV放映された実写版ヒーローを観ていくと、「ウルトラマン」シリーズをはじめ、「仮面ライダー」（一九七一―一九七三年）、「ミラーマン」（一九七一―一九七二年）、「スペクトルマン」（一九七一―一九七二年）、あるいは「秘密戦隊ゴレンジャー」（一九七五―一九七七年）に始まる戦隊ものもそうですが、どれも顔全体、あるいは体全体を覆っています。こうした特撮ヒーローは遊園地や行楽地のステージでも活躍していて、「スーツアクター」がショーを演じる一方で、ステージの傍らで別の人が声をあてたり録音された音声を流して、ステージにおける表情と声の乖離というのが、当たり前になっています。

では、これが世界共通の現象かというと、そんなことはなくて、アメリカのヒーローってほとんど口を出してるんですよね。わたしは、子供の頃にスーパーマンとかバットマンを観ていていつも

図3 楳図かずお・金城哲夫『ウルトラマン』「なぞの恐竜基地の巻」（『週刊少年マガジン』一九六六年）

不思議だったのですが、スーパーマンは、普段は新聞記者として正体を隠しているにもかかわらず顔丸出しだし、バットマンの仮面は、仮面舞踏会でつけるような、目元だけを隠すコスチュームで、素性がすぐにわかりそうなのに、なぜみんな気づかないんだろう。それはともかく、最近の、マーベル映画に出てくるヒーローを観ても、キャプテン・アメリカにしてもソーにしても超人ハルクにしても、口が露出している者が多く、しゃべるたびに口を動かします。

いやいや、マーベル映画の中でも、たとえばスパイダーマンは口を覆っているじゃないかって反論がきそうですけれども、じつはその口を覆っていることが、ある映画の中でギャグとして扱われています。それは『スパイダーマン：ホームカミング』（二〇一七年）の中の一場面で、スパイダーマンが運び屋のアーロンを問い詰めるためにスーツの機能の一つである「尋問強化モードEnhanced Interrogation Protocol」というのを使うシーンです。スパイダーマンのスーツにはＡＩが搭載されていまして、本人の声を低く変調させてコワモテにするっていう機能があるんですね。で、スパイダーマンの中に入っているピーターは、まだ十五歳の高校生で、スパイダーマンとしては未熟者なのに、使い慣れてないその尋問強化モードを使って尋問を始める。すると全然似合ってないのでアーロンになめられてしまいます。

アーロン「声が変じゃないか？」
ピーター「どういう意味だ、声が変だと？」
アーロン「橋で話してたときは、もっと女の子っぽかった」
ピーター「女の子じゃない！　男の子だ、っていうか…男だ」
アーロン「どうでもいいよ、男の子でも女の子でも」

ここでは、発話内容にふさわしい声や身体性を持ち合わせない存在としてスパイダーマンが描かれている。口を動かさないヒーローっていうのは、こういうふうに、どこか声と身体との関係が不安定で、そのことがドラマに用いられやすいんですね。ちなみに『スパイダーマン：ホームカミング』には、アイアンマンという口を覆ったもう一人のヒーローが登場しますが、彼はしばしばヴァーチャルのアイアンマン映像を使って実体の方が口を動かしてしゃべります。

でも、日本ではどうでしょう。たとえばウルトラマンが「ヘアーッ」って言いながら口を動かしたり、仮面ライダーが「とう！」「ライダーキック！」って言いながら口をぱくぱくさせたら、興ざめじゃないでしょうか。そういえば、スパイダーマンにしてもアイアンマンにしても、マーベル映画の顔を覆ったヒーローの場合、覆いはあくまで着脱可能なスーツや覆面として物語の中で描かれるのですが（だからこそスーツの似合っていないスパイダーマン、という描写が可能になるのですが）、日本の特撮ヒーローの場合、彼らの面は（少なくとも物語の上では）ただのスーツではなく変身後の姿そのものであり、「仮面」ライダーという名前とは裏腹に、着脱はできません。こうしたヒーローたちの場合、口を動かさずに声を出す、ということは、聖性といいますか、この世の者ではない超人感を醸し出すことに貢献しているんじゃないかと思います。

ともあれ、どうやら日本では、口を覆いながら声を出すということに関して、アメリカとは異なる文化を持ち合わせているらしい。これも、もしかしたら、マスクに対する寛容さの日米差と関係があるのかもしれません。

マンガにおける口と声の不一致

さて、わたしは最近、マンガの声の問題についてあれこれ考えているのですが（細馬 2023）、せっかく夏目先生もいらっしゃるので、ここで、マンガの声と口の形とのずれについてちょっと考えてみたいと思います。

マンガの声と口の動きはフキダシと静止画によって表現されます。わたしたちが発話するとき、口はさまざまな形をとりますが、静止画である以上、そのすべての形を未来派の描く足みたいに重ねることはまずありません。口の動きの中の、開いている瞬間か、閉じている瞬間を選んで描くことになります。ですから、しゃべっているキャラクターの口が閉じているということは、マンガではしばしば起こります。たとえばドラえもんが「このドラえもんがつきっきりで……、めんどうみてやるよ。」というときに、ドラえもんの口は閉じていますが、わたしたちはそのことにさほど違和感を感じません（図4）。宮本大人さんはこのことに注目して、マンガのキャラクターの口の開閉は、単に発話中であることを表しているのではなく、キャラクターの感情状態を表しているのだという興味深い説を出しています（宮本 2018）。

ただし、マンガにおいても、口の形と声とのずれが強調される場合がいくつかあります。一つは、図1のタイガーマスクの「ふん！」の例のように、発話が少ない音素で構成されており、その音素と口の形とが矛盾する場合、そしてもう一つは、口の形がクロースアップされる場合です。ここでは、後者の問題について、楳図かずおの『おろち』を例に考えて見ましょう。

先にもちらと挙げた、楳図かずおという作家は、声の問題についてたいへん自覚的なマンガ家で、彼のフキダシと身体との組み合わせ方には興味深い点がいろいろあるのですが（細馬 2023）、そうした表現の一つに、口のクロースアップがあります。

図4　藤子・F・不二雄『ドラえもん』第一回（『小学四年生』一九七〇年一月号）

楳図かずおの一九六〇年代末から七〇年代の代表作である『おろち』（一九六九―一九七〇年）という連作漫画を見てみましょう。図5は「ステージ」（一九七〇年）というエピソードの一場面です。佑一という子どもが、幼い頃、お父さんが轢き逃げされるのを目撃してしまい、大人になってから、その犯人に復讐するという話なんですが、その過程で佑一はなぜか、花田秀次という演歌歌手の歌を憑かれたように真似し始めます。あるとき、お母さんが少年に、お前のかけるレコードの声が大きすぎてやかましくてしょうがないと隣から文句が来る、と小言を言う。すると突然、傍らのレコードから「ウフフフ」という声がして、佑一少年もまた「フフフ……」と笑うのです。この笑いはさらに口だけのクローズアップになって、「フフフ」となる（図5）。奇妙なことに、その口形は大きく開かれており、明らかに「フフフ」という声と不一致を引き起こしています。口が顔から切り離されて、しかも「フ」の形とは異なる形に開いてクローズアップされることによって、「フフフ」という声は、佑一のものではない、別の声として響いているように見えます。じつはこのとき、お母さんが「レコードの声が大きすぎて」と感じたのは、レコードの花田の声ではなく、この佑一の声だったんですね。自分の声とレコードとが混同されたのを知った佑一は、自分がもはや花田の声を完璧に真似ることができていることに気づいて、不敵な笑いを漏らしているのですが、その笑い声もまた、レコードの花田の笑い声に近づいている。

青年に成長してからも、自身の声を押し殺して生きてきた佑一は、終盤のある場面で、表情を一変させて叫ぶのですが、そのとき再び、口だけのクローズアップのコマが表れます（図6）。「よもやあなたは忘れはしまい」というセリフはトゲフキダシで囲われており、その激しい口調は、開かれた口の形との違和を感じさせません。そしてこの口のクローズアップは、図5のクローズアップ

図5　楳図かずお『おろち』「ステージ」（『少年サンデー』一九七〇年一〇号）

を想起させ、この叫びが図5とは異なる、佑一の真の声であることを読者に知らせます。図5で声と一致しない口は、いわば佑一の仮面であり、一方、図6で叫ぶ口は、仮面をかなぐり捨てた佑一の真の口に見えてきます。このような口と声の関係が、どのような物語のもとに描かれているかは、ぜひ原作をごらん下さい。

楳図かずおは、『へび女』（一九六六年）に代表されるように、誰かが誰かでなくなること、誰かが自分を取り戻すことを主題に恐怖を描いてきた作家でもありますが、この『おろち』のエピソードでは、それを声と身体との乖離という現象を通して描いている。そして、その乖離はフキダシの音声と口の形との不一致／一致によって表現されている、というわけです。

図6　楳図かずお『おろち』「ステージ」（『少年サンデー』一九七〇年一二号）

『Not I』の口と声

ところで、口のクロースアップ、というと、わたしたちがまっさきに想起するのが、さきほど岡室先生の話にあったベケットの『Not I』（一九七二年）です。『Not I』ではマンガとは対照的に、口と声とが動きをぴったり一致させることによって、リップシンクが過剰なまでに表現される。わたしはＢＢＣ２で放映されたビリー・ホワイトローの演じた版（一九七七年）しか観たことがないのですが、そこでは、画面一杯にクロースアップになった口が、ひたすら早口でまくしたて続ける。声とともに正確に動く唇を見続けるうちに、これだけ正確にどんどん想念をまくしたてることのできる唇は、想念の主と結びついているとしか思えなくなってくる。ところが、聞き手がもう十分、声と唇とことばの内容とを結びつけたあたりで、語りは中途で突然停滞して「……え？……誰って？……違う！……彼女だよ！……（... what? ... who? ... no! ... she! ...）」[*1]と叫ぶ。このフレーズは、聞き手がもはや声の主と声の内容とを分かち難く結びつけ始めたタイミングを見計らうかのよ

＊1　岡室美奈子訳（ベケット 2018）。以下の引用も同じ。

うに、何分かに一回繰り返されます。語り手は、自分はあくまで一人称Iではなく三人称 she の話をしているのだと繰り返し言い張るのですが、繰り返せば繰り返すほど、じつはこれは「I」の話なのじゃないか、声の主と she はじつは同一人物ではないかという疑いは濃くなってくる。ちなみにタイトルの『Not I』に、岡室先生は『わたしじゃないし』という秀逸な訳を当てておられます（ベケット 2018）。唇は次第に「そのとき突然彼女は感じて……だんだん感じて……自分の唇が動いているのを……ちょっと!!……自分の唇が動いてんのをだって!」と、唇自身のことを語っているかのようなことばを放ち始めて、なんだか唇が唇のことを考えて唇がもつれていくのを見ているような、不思議な感覚に陥ってくる。ベケットの『Not I』では、切り取られた口と声とがありえない強度で結びついて、まるで唇という生き物が私語りをしているかのような生々しさを感じさせます。ある意味でこれは、これまで見てきた声と口の不一致の現象、口の向こう側に何か不可視なものを感じる現象とは全く逆のできごとと言えるかもしれません。

以上、仮面と声について、声と唇の一致／不一致という点に注目しながらさまざまなメディア表現で見てまいりました。仮面とは顔を覆うものなのですが、一方で、顔は、仮面をつけてもなお語ることをやめない。仮面によって、口の形と声との間に乖離が起こり、それがいま眼前にある身体と声との乖離を引き起こす。この問題を回避するためにアメリカのヒーローやアニメーションの登場人物たちは仮面から口を露出させたりリップシンクを目指すのですが、逆に日本では、ヒーローの口を覆い、あるいはアフレコを用い、口と声とのずれを生むような表現をよしとしてきた。こうした表現は、単に口と声との不一致が見過ごされているから起こっているのではなく、もっと積極的に、身体と声とのずれによって生まれる何か別の魅力を見出そうとする志向性によって維持されてきたのではないか。声優ブームという日本固有の現象、声優という存在を手がかりに、視覚的なキャラクターの向こう側に聴覚的なキャラクターを見出し、聴覚的なキャラクターの下に複数の作品のキャラクターの存在を感じるという感性にも、わたしはこうした志向性を感じます。

コロナ禍によって、口の動きを欠いたマスク越しの声は、さらに一般化しつつある。こうした時代の変化は、声と身体の乖離に対する感性をますます膨らませていくのでしょうか。わたしは不安と期待をもって関心を寄せております。

引用文献

ベケット、サミュエル（2018）『新訳ベケット戯曲全集2　ハッピーデイズ――実験演劇集』岡室美奈子・長島確・木内久美子・久米宗隆・鈴木哲平・西村和泉訳、白水社。

細馬宏通（2013）『ミッキーはなぜ口笛を吹くのか――アニメーションの表現史』新潮社。

細馬宏通（2023）『フキダシ論――マンガの声と身体』青土社。

McGurk, H., & J. MacDonald（1976）"Hearing lips and seeing voices," *Nature*, 264（5588）, 746-748.

宮本大人（2018）「のらくろは口笛を吹かない？――昭和戦前・戦中期の子供向け物語漫画における口の表現」表象文化論学会編『表象』（12）, 201-223。

積山薫（2011）「視覚と聴覚による音声知覚――言語／文化による差とその発達」『認知科学』18（3）, 387-401。

高野陽太郎・纓坂英子（1997）「〝日本人の集団主義〟と〝アメリカ人の個人主義〟通説の再検討」『心理学研究』68（4）, 312-327。

第Ⅳ部

ロボティクスと心——情報技術・システム論からのアプローチ

導入　仮面と「解釈」、そしてＡＩ・ロボットからの視点

椋本　輔

皆さま、ご参加いただきありがとうございます。このセッションでは、二日間の大会を通して「仮面の時代――情念と心と、その表出」と題して、記号学会らしく様々な観点から議論している問題の構図を、さらに少し異なる視点から考えてみたいと思います。それは、「ＡＩ・ロボットからの視点」へと我々の想像力を働かせ、心を寄せてみる、という試みです。

今回の議論全体の導入となったセッションは、「能面を着けて舞うご本人の視点」からの「能面と中間表情をめぐって」と題されています。実際に能楽師の加藤眞悟さんをお招きして伺った、「能面と中間表情をめぐって」と題されていま様々な大変興味深いお話を裏返せば、やはり「中間表情の能面から我々はいかにして様々な表情を見出しているのか」という、大きな問いが改めて浮かび上がるように思います。その問いについて考える上で特に印象的だったのは、彫刻家である会員の小田原のどかさんとの対話の中での、次のようなお話でした。中間的な表情で動かない能面から、観る側の人間が様々な表情を感じ取れるようにする、すなわち解釈の自由度をもたらすために、むしろ演じ手の人間は身体的に、感情を抑えて自分の体も木でできた彫刻のような意識でゆっくりと動かす、「ロボット化した動きの木のような存在」になろうと努めている、と。いわば、「能においては人間がロボットのようになろうとしている」というお話でした。

図１　椋本輔氏

それに対して、今回お招きした谷口忠大《ただひろ》さんは、実際にＡＩ・ロボティクスの工学的な研究をされている方です。さらに、そのご研究において「記号創発ロボティクス」というテーマを掲げ、またそれを踏まえた「記号創発システム論」という文理融合の体系を構想され総合的な人間理解をめざしている、記号学・記号論とも必然的な関わりのある方として、今回記号学会の大会にお招きしました。

ここで、記号学・記号論と、本大会での議論における「仮面」という概念との関係について、整理しておきたいと思います。今回の「仮面の時代――情念と心と、その表出」というテーマは、坂部恵さんを中心に一九七六年におこなわれた同名のシンポジウム「仮面の時代」（および、そのもとになった坂部さんの著作『仮面の解釈学』）を踏まえています。そこでの議論と今回の大会テーマとの関係については、実行委員長である水島久光さんによって整理されていますが（本書第Ⅱ部「仮面の問い、再び」）、坂部さんが「仮面」という概念を立てて考えようとした問題は、改めて次のように捉えられるのではないかと思います。

坂部さんの『仮面の解釈学』における議論では、〈素顔〉と〈自我〉といった自己同一的な「表」と「裏」の対概念に対して、「仮面」としての〈おもて〉、という第三の概念が導入されています。それは、次のような近代的な主体観・世界観への疑問の提起としてなされました。自己も他者も、そして我々にとっての「世界」も、自己同一的な〈素顔〉と〈原素顔〉の対として、言い換えれば〈表象〉すなわち〈再-現前化〉と、それに先立つ〈現前〉との関係として捉える、近代的な捉え方への疑問です。そして、坂部さんは、そのような「素顔としての表象」でも「原素顔としての現前」でもない、〈おもて〉という概念について、以下のように問いかけています。

では、ここで少し見方をかえていえば、〈おもて〉は一つの記号（signe）であるといえるだろうか。[1]

しかし、坂部さんはまた、すぐに続けて、

さきをこして結論をいってしまえば、〈意味するもの〉signifiant と〈意味されるもの〉signifié の統一としてのソシュール的な〈記号〉の概念をもってしては、〈おもて〉はとらえられない。むしろ、〈おもて〉は、そのような〈記号〉の概念が挫折する場所である。[2]

と述べています。坂部さんの議論はこのように、記号的な思考によって近代的な主体観・世界観とは異なる哲学を志向しますが、二項関係的な記号学[3]や、いわゆる構造主義のような形での現代的な思想とも異なる広がりをもっています。それはむしろ、我々の〈素顔〉も〈自我〉も不確かになった現代に向き合い、同時に能をはじめとした日本の古典芸能や文学を通して近代以前にも向き合い、その両者の交わりについて考えようとしています。今から半世紀ほど前、日本記号学会の結成と同時期に、〈しるし〉や〈うつし身〉〈ことだま〉といった和語にも照らしながら、記号的な思考を、いわば輸入概念としてではなく血肉化しようとした『仮面の解釈学』や『仮面の時代』の議論は大変興味深いものですが、ここでは次のような問題に絞って考えていきたいと思います。

坂部さんが、〈意味するもの〉と〈意味されるもの〉に加えて、「仮面」としての〈おもて〉という概念を立てることで考えようとしたもの、「主語とならない述語」[4]「意味されるものの無い意味するもの」[5]など様々な言い表し方で仄めかされているものは、そこに存在する「解釈」の問題なので

＊1　坂部恵『仮面の解釈学　新装版』東京大学出版会、二〇〇九年、一〇頁。

＊2　同上、一〇頁。

＊3　同書では「既製の記号論（sémiologie）」という表記もされているが（一〇頁）、本稿では一般的な訳語に沿って、sémiologie＝記号学、semiotics＝記号論という表記で統一する。

＊4　同上、一一頁。

＊5　同上、一一頁。

はないでしょうか。

二項ではなく三項で、三つめの項は解釈。おそらく皆さんは、三項関係的な記号論のモデルを、とりわけパースによる「解釈項」という概念を連想されるのではないでしょうか。もちろん、二項関係的な記号観でも、例えば言語の全体性を前提としたソシュールの議論における、「二項間の意味関係は恣意的である」というテーゼには、はっきりと明示されていなくとも、個別的かつ集合的な解釈の存在が暗黙の裡に意識されているといえるでしょう。しかし、解釈の存在を一つの項として明示し、それによって三項関係が再帰的に回り続けるパースの記号過程（セミオーシス）というモデルは、その動的なイメージが概念として魅力的な射程をもっており、今回お招きした谷口さんの記号創発ロボティクス・記号創発システム論の研究および構想にも、大きなインスピレーションを与えています。

しかし一方で、とりわけそのように解釈までも一つの記号として捉えるようになっていくと、「そのような構図で物事を捉えている観察の視点は一体どこにあるのか？」という問題も同時に浮かび上がってきます。これは、観念的・概念的なものを含め、まず何かしら具体的な記号の存在から議論を始める、いわゆる記号学・記号論に対して、まず何かしら「関係性の構図＝システム」を見出すことから始める、というシステム論的な議論の観点です。そしてまさに今、ＡＩをめぐる解釈の問題について深く考える際にも、その両者の観点がともに必要となります。

私は以前の論考で[*6]、ＡＩに関して既になされている「ＡＩが○○を認識した／○○という概念を獲得した」といった言説について、記号論の観点と、システム論の観点とを組み合わせた考察を行いました。

目下の第三次ＡＩブームは二〇一二年頃から本格化し、現在に至るまで継続していますが、その

＊6　椋本輔「擬自律性はいかに生じるか」河島茂生編著『ＡＩ時代の「自律性」――未来の礎となる概念を再構築する』勁草書房、二〇一九年。

契機をもたらしたものとして、Google の Cat Paper と呼ばれる論文[*7]があります。広く一般にも、ＡＩシステムが「猫という概念を獲得した」と大きく報じられ話題となりましたが、論文自体のタイトルは「大規模な教師無し学習による高次の特徴量の構築（Building High-level Features Using Large Scale Unsupervised Learning）」なので、少なからぬギャップがあります。他方、論文の内容をみてみても、次のような展開になっています。まずニューラルネットワークのプログラムにおいて、学習素材としての YouTube などからの膨大な画像データと、Google の膨大な計算資源とによって可能になった大規模なトレーニングで、猫が写っている様々な画像に共通して強く反応するパターンを形成させます。そして、論文の後段で、従来に比べたその性能・精度の大きな向上の確認として、また分かりやすいアピールとして、そのプログラムに対してランダムに生成した画像を入力し、反応・出力値が最も大きかったものをピックアップしたものが図版として掲載されています。そうした一連のプロセスによって、「ＡＩが獲得した猫という概念」であると報じられた画像（図２）が作られたのです。

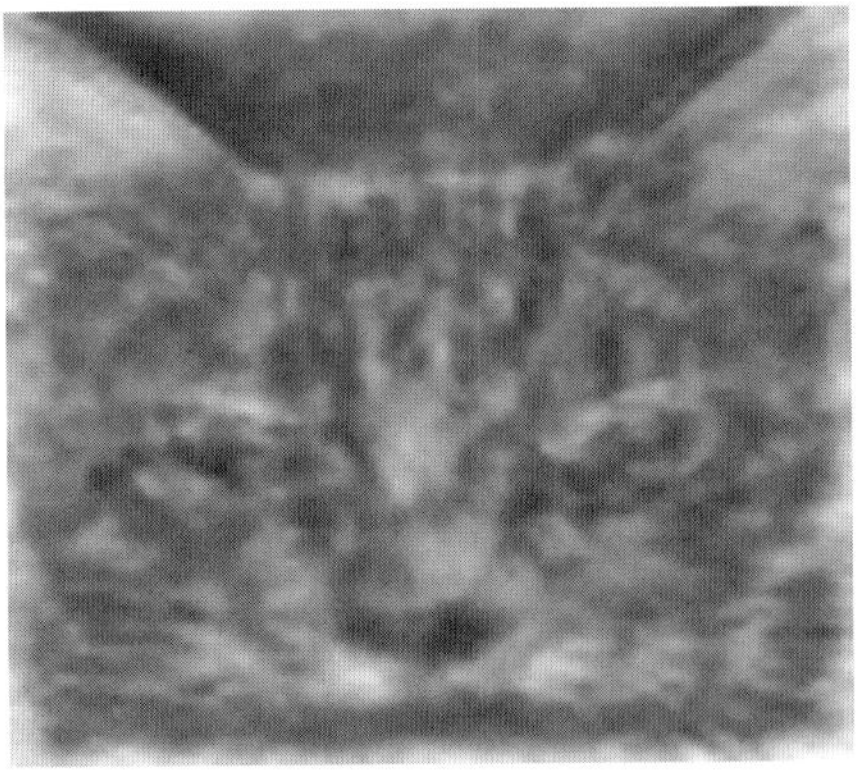

図２ Google の Cat Paper の掲載図版 "Visualization of the cat face neuron"

今回の議論と繋がる問題は、この「猫」画像は果たしてＡＩシステムによる「解釈」にあたるのか、すなわちパース記号論における解釈項なのか、ということになると思います。しかし、記号論の観点のみから、その解釈項という概念を所与のものとして、様々な事象に対してどのように当てはめるかを考えるだけでは見えてこない問題の構図が、そこにはあります。

今これを「猫っぽい画像」だと思っている人間（すなわちこの私たち）の存在を捨象すれば、これを「解釈項」とした三項関係も成り立つだろうし、しかしその一方で、私たち人間による解釈、システム論的にいえば「観察者」の存在も含めて考えれば、やはりそうはならない（図３）。つま

＊7 Quoc Le, et al., "Building High-level Features Using Large Scale Unsupervised Learning," 2012.

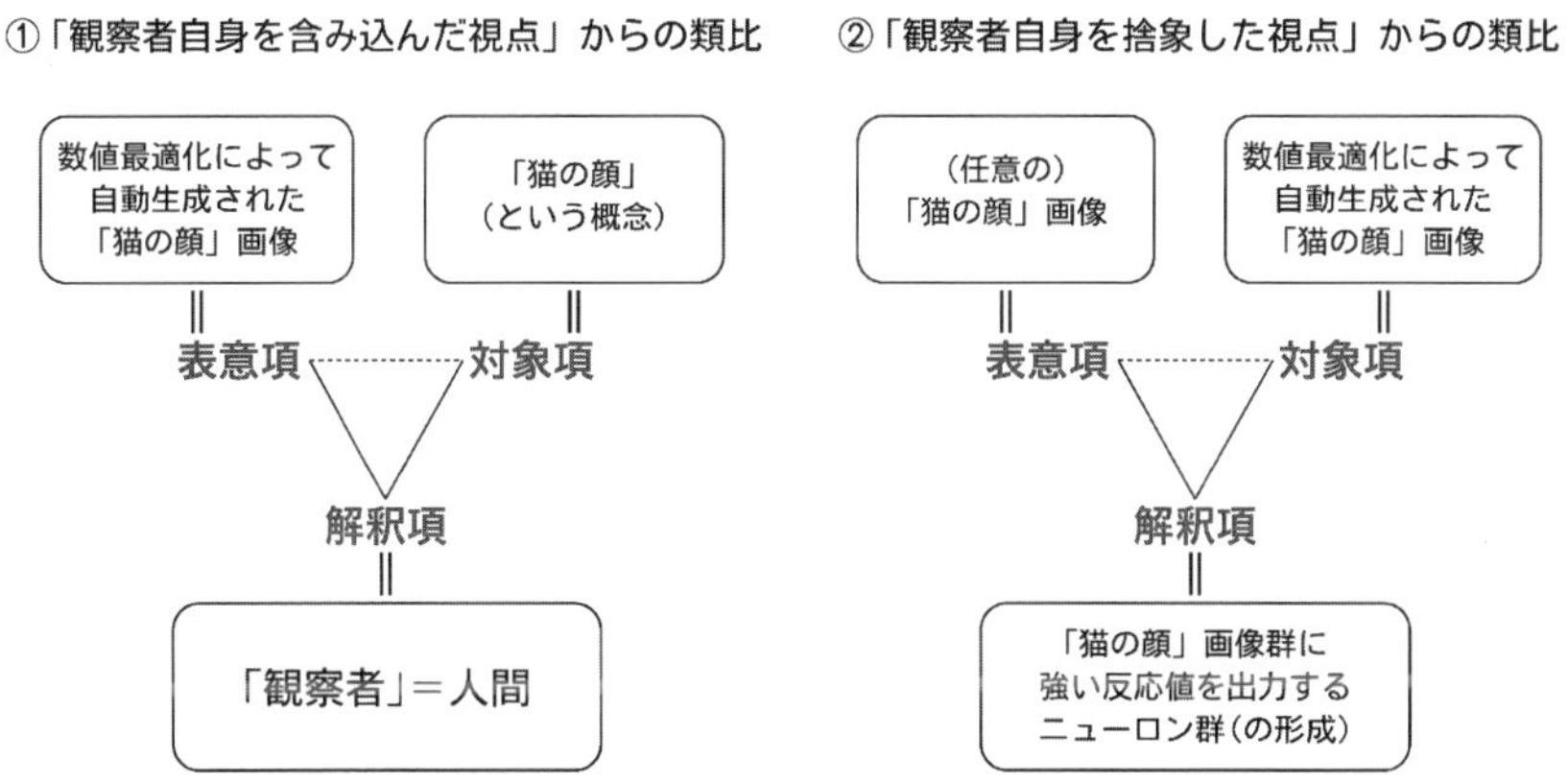

図3　椋本輔「擬自律性はいかに生じるか」（河島茂生編著『AI時代の「自律性」』勁草書房、2019年）

り、いわゆる記号論的な議論における記号同士の関係というのは、それをどのような視点から自分自身が見て、何をどのようにマッピングしているか、という点で根本的な食違いがある場合には、それを意識化しない限り、お互いの議論も交わらず、意見の対立も解けないでしょう。また、ＡＩを単純に主体化してその存在の良し悪しを論じるような言説も、そうした「解釈」や「観察者」を捨象して、「人間からどう見えるか」とか、「人間っぽく見えるか」とかといった議論だけに陥っているケースも少なくありません。*8

それに対して、谷口さんの記号創発システム論という構想は文字通り、記号論とシステム論の両者の観点を取り入れたものですが、その両者の観点が必要となったのは、まさに「解釈する主体」としてのＡＩ・ロボットの実現に取り組みながら、我々自身を含めた人間について社会的なコミュニケーションのレベルまで視野に入れて、総合的に考えていらっしゃるからだと思います。

「能面と中間表情をめぐって」のセッションでは、能において動かざる能面に様々な表情が見出されるこ

*8　前掲「擬自律性はいかに生じるか」論考の中で、この記号の三項関係と観察の視点に関する考察の部分は、二〇一六年の日本記号学会大会における研究発表（椋本輔「人工知能と記号〝解釈〟を巡る論点整理——Google の人工知能は猫を〝認識〟しているか？」日本記号学会第三六回大会）が元になっている。

とについて、次のような議論がありました。演者の振舞いが空間性・時間性の中にあり、またそこに鑑賞者もいる中で、相互循環的なフィードバック・ループのようにして意味解釈が成立することで、能面に表情が見出されているのではないかと。一方で、谷口さんのご研究も、単に平面的な画像を所与の機械的なシンボルとのパターンマッチングによって認識するようなＡＩシステムではなく、あくまでＡＩロボットが実世界の中で行為することを通して、様々な事象の意味を解釈すること、すなわち記号の創発をめざしている取り組みです。同時に、その記号の創発は、個体の次元だけでなく、共同的／社会的なコミュニケーションの次元との、ミクロ・マクロ・ループというイメージで捉えられています。このように考えてみると、冒頭の「中間表情の能面から我々はいかにして様々な表情を見出しているのか」という問いと、ＡＩ・ロボティクスの研究をされている谷口さんを今回お招きしたこととが通じ合うでしょう。

また、今回、谷口さんとともに発表していただく会員の加藤隆文さん、そして私（椋本）は、かねてからこうしたテーマで学際的な共同研究に取り組んでおり、これまでの議論の成果が近く書籍として、『未来社会と「意味」の境界――記号創発システム論／ネオ・サイバネティクス／プラグマティズム』[*9]と題して刊行されます。まさに同書の副題の中で「記号創発システム論」を代表するのがもちろん谷口さんで、新世代のシステム論「ネオ・サイバネティクス」を代表するのがその一環である「基礎情報学」の研究グループ[*10]から参加した私を含むメンバー、そして「プラグマティズム」を代表する立場で加藤さんが参加している、という構図です。

加藤さんは、近年様々なプラグマティズム関係の翻訳を手掛けられていると同時に、現在の記号学会でパース自身の論考に関して特に深く研究している方々の一人です。パースは先ほど述べた三項関係的な記号論によって広く知られていますが、同時に思想潮流としてのプラグマティズムの創

＊9　谷口忠大・河島茂生・井上明人編著『未来社会と「意味」の境界――記号創発システム論／ネオ・サイバネティクス／プラグマティズム』勁草書房、二〇二三年。

＊10　ネオ・サイバネティクス研究会 https://digital-narcis.org/

始者の一人としても知られます。プラグマティズムは行動・行為という観点を重視する哲学的な思潮であり、それによって記号的な意味の捉え方も、初めから所与の記号ありきではなく、それがどのような行動・行為につながったかという観点によって、いわば事後的／再帰的な捉え方へと繋がっていきます。それは、明らかに記号創発ロボティクス・記号創発システム論における捉え方と親和的であり、また意味をめぐる観察の視点についてとりわけ意識的なシステム論である、ネオ・サイバネティクスの観点とも通じ合うものです。

このように今回「仮面」という概念によって浮かび上がった、解釈や意味をめぐる問題についてより深く考えるために、ＡＩ・ロボティクスにおける谷口さんの取り組みについてのお話を、この機会にじっくりと伺いたいと思います。また、それに対する応答として、プラグマティズムという観点から、パース自身の思想や記号をめぐる議論との関係について、加藤さんの方からお話いただきます。その後、会場の皆さまからのご質問なども交えて議論ができればと思います。

記号創発ロボティクスと集合的予測符号化——セミオーシスへの構成論的アプローチ

谷口忠大

皆さん、こんにちは。立命館大学の谷口でございます。このたびはご招待いただきありがとうございます。冒頭から拍手いただける学会なんてそうそうないですけれども、ありがたいかぎりです。

今日は記号学会ということで、緊張しながらやってきました。私自身はこの学会は非会員ですが、「記号論」というキーワードに関してはずっと取り組んできた人間だと自認しております。学術コミュニティという意味では「AI」や「ロボティクス」といった分野をメインの居場所にしていますが、そのあたりの分野ではたぶん、日本でいちばん「記号論」というキーワードを口にしている人間なんじゃないかと思います。——もしかしたら世界一かも知れないですけれども。日本記号学会のことはずっと前から存知あげていたんですが、参加するのは初めてになります。私としては自分なりの「記号論」を、ある意味で二〇年間ほど続けてきたつもりです。ただスタート地点が、コミュニティ的に、この学会からはあまりに遠かったんでしょう。そのため、機械系の大学院から情報系の分野を経て、記号学会のセッションに登壇するまで、これだけ時間がかかったのかなと思っております。

今回のセッションでは「記号創発ロボティクス」、およびその背後にある「記号創発システム」

図1 谷口忠大氏

という考え方を共有したうえで、記号学会の皆さんとの共通点を探れればと思っています。そのうえで、二年前ぐらいに着想に至り、最近、私の中でもっとも重要になってきている概念があります。――その「集合的予測符号化」という考え方についてもお話できればと思います。ちなみに本日の講演のタイトルには、ちょっと大胆かもしれませんが、「セミオーシスへの構成論的アプローチ」という副題を付させていただきました。

もともと私自身は京都大学の機械系出身なのですが、大学院の修士課程において自らの研究テーマを決めようとした時代は、ちょうどSONYからAIBOが発売されてブームが起きていた頃でした。指導を受けた椹木哲夫教授から「谷口、人間とロボットの関係性を考えるのは、どや?」というざっくりとしたテーマを振っていただきまして、さらにその後、「谷口、記号論とかは、どや?」と勧めていただいたんですね。機械系なので、おそらく普通の学生ならば「わけがわからない」っていうのが妥当な反応なんだと思います。でもそれ以来、「記号論」はずっと私の心の中に引っかかってきました。

しかし「記号」という言葉がロボットの知能との関わりで、何の関係もないかといわれるとそうではない。人工知能分野では、後でちょっとだけ触れますけれど、記号接地(シンボルグラウンディング)問題というのがあります。それが大きな問題としてあって、記号論も含めたいろいろな接点がやはりあるんじゃないかというところで、さまざまな思考が融合していきました。まあ、それが今の研究につながっていった、というところがあります。

大規模言語モデルとは

では、さっそく内容に入っていきましょう。はじめに、まずAIの分野ということでは、いま皆さんご存知のように「ChatGPT」であるとか、「大規模言語モデル」とか、様々なものがあります。もう「ＡＩ」という言葉の意味がこの半年ほどで変わってしまったといわんばかりの勢いでございます。

今年のＡＩ学会でも、日本言語処理学会でも、もうこの話題で持ち切りでしたね。言語処理学会に至っては「ChatGPTで自然言語処理は終わるのか?」なんていう、学会そのものを全否定するようにも聞こえる挑戦的なタイトルのセッションが組まれました。[*1] これらは非常に注目を集めていましたし、技術的な意味でも、哲学的な意味でも、すごい含意のあることです。

それで、最近は恒例なんですけれども、じゃあこれがどんなにすごいか見てみようということで、講演前に、ChatGPTに「明日、日本記号学会で記号創発ロボティクスや記号創発システム論を中心に、「自律的なコミュニケーション主体＝観察者としてのＡＩロボット作り」について話すのですが、どのような内容について話せばいいでしょうか?」と聞いてみました。それに対する回答は、まあ、こんな感じでした。

「記号学会で話すということですので、まず記号学の観点から、ロボティクスやシステム論、そしてＡＩロボットづくりを捉え直せる視点が求められそうですね」と――。そして、「まず、いちばんに記号創発ロボティクスと記号創発システム論の概要を話しましょう。二番にＡＩロボットの自律性と観察者としての能力について語りましょう。三番、人間理解の適用。四番、未来展望と課題。」――というふうにですね、まあそれっぽいことを書いてくれるわけです。講義のときもよくやるんですけれど、だいたいパーフェクトな答えが返ってきます。まあ、今日はこの通りしゃべるわけではないんですが、「スゲェなGPT-4」といつも思うわけなんですね。

これがどのように作られているかという点が実はポイントです。――それが若干今日の前振りに

*1 パネルディスカッションの様子はYouTubeの動画で視聴可能である。言語処理学会 ANLP YouTube Channel「NLP2023 緊急パネル――ChatGPTで自然言語処理は終わるのか?」言語処理学会理事会主催、二〇二三年三月一四日、沖縄コンベンションセンター。https://www.youtube.com/watch?v=TXgOrYUPs_s

もなるんですが。ご存知のように私たち人間というのは、それぞれに分散的に、頭の中に言語的な知識を持っているのと同時に、環境との感覚運動システムを通して獲得した世界のモデルを持っているわけです。これはユクスキュルの意味での「環世界」のモデルといってもよい。その中で、私たちは発話しますし、ツイートしますし、ブログ記事を書きます。これは、ソシュール的には「パロール」といってもいいかもしれない。

このような活動を通じて、言語システムは社会の中で集合的に形成されていきます。それは、コードと呼んでも、ソシュール的にラングと呼んでもいいかもしれません。むろんラングと呼んでしまうとちょっとスタティックなイメージを持たれるかもしれませんが、ここではその動的で創発的な特性を忘れずにいたいです。いずれにしても、言語システムには様々な構造が潜在的に埋め込まれていますが、私たちはその影響を受けながら、あるいはこれを内化しながら、新たな発話を繰り返していくのです。

私たちは人類史上ずっとそのような言語の生態系を生きてきたんですけれども、これをデジタル化できるようになったのが過去三〇年ぐらいの出来事だと思います。つまり言語のデジタル化が、巨大な営みとなっていった。今やこの超巨大な――ものすごくラージスケールな「言語資源」というものが、インターネット上にビリオン（一〇億）とかトリリオン（一兆）とかのレベルで存在しています。そして、これを超巨大なニューラルネットワークに、ひたすら「学習」させるんです。この学習はとてもシンプルでして、基本的にやっているのは「次単語予測」です。ある文が流れてきたら、その次の単語に何が現れるか。――これをひたすら予測させるわけです。で、その次のレベルでは、こういうふうな発話をされたら、次どういう発話を返すべきですか、といった予測もさせますが、基本的には全て予測学習となります。このような「学習」をつうじて、巨大なニューラルネットワークの内部で、ある種の情報表現が次第にできあがってくるわけですね。つまり次の発話を予測するそのプロセスによって、ある意味で、私たちが持っている言語システムに内在的に存在する知識を推論するようなことに至る、というのがポイントだと思います。

まあ、テクニカルにはいろいろあるんですけれども、今回のセッションではＡＩの技術的な話題は省略します。とにかくまず押さえたいのは、人間の社会で、私たちが言語を形成し、言語活動を行い、大規模なテキストが生成され、それを内化してやると、実用上高いレベルの言語理解・使用ができると分かった。それによって、先ほどのように講演のアジェンダを考えることもできますし、機械翻訳とか、対話とか、様々な機能を実現できるわけですね。

さらに付け加えると、ではこれで大規模言語モデルは言語を扱う知能として完璧か、あるいは、全ての言語の謎は解明されたのかというと、そんなことはありません。一つのトリックはですね、そもそもこの言語を作っているのが私たち人間だということなんです。そして人間が作った、いわば言語の化石のようなデータを、ひたすらこう読み解いているのがニューラルネットワークだといえるでしょう。

現時点での人工知能に不可能なのは、現実世界との関係性を持たせながら、言語のシステムを形成し維持させていくことだと思います。また、人間社会がどのように言語システムを形成できていて、それをただニューラルネットワークに内化するだけでなぜあれだけのパフォーマンスが発揮されるのか、私たち自身がそんなすごい言語というものをどう作っているのかということ自体も、やはりわかっていないんです。人間の言語そのものの構造の話なので、コンピューターサイエンスにおける現在のエンジニアリングの視点だけでは十分に理解できない部分かと思います。

先ほどちょっと触れましたけれども、実際のところ大規模言語モデルは基本的に、言語とテキストしか扱っていません。最近それが、画像情報とか他のマルチモーダルな情報へと広がってきていて、どこまで行くんだろうって話があるんですけれども、ベーシックなところではテキストしか参照していないので、ひたすら振舞いが世間知らずの、頭でっかちな子供みたいな対応になったりしている。世界経験が全然ないのに、言葉は良く知っていて答えを返してくるみたいな、そういう振舞いになっています。

記号創発ロボティクス

もちろん大規模言語モデルに関しては、身体性の問題は十分に議論できていませんし、言語進化の視点や言語創発の問題も十分に議論できていない。しかし、言語というのは、ただ統語的なストラクチャーがあるだけじゃなくて、人間が言語を使うことによってうまく他者と協調して、それによって進化のための適応価を上げているわけですね。だとすれば、そのような環境適応としての記号創発もしくは言語創発についても議論する必要があります。これが現代の状況によってあらためて明確になったポイントなんですけれども、そもそも私が取り組んできた問いというのは、「記号の創発」や「言語の創発」にかかわるものです。つまり、私たちはいかにして言語を作り上げているのか、そして、いかにしてそれを実世界と関連付けながら言葉に意味を与えそれを共有しているのか、ということなんですね。私としてはそれらの問題にどうアプローチをしようかというところで、構成論的アプローチを採用して、記号創発ロボティクスという分野を立ち上げたんです。

記号創発ロボティクスの雰囲気を摑むのにいくつか映像資料をみてください。図2は、ロボットによるマルチモーダル物体概念形成の実験の様子です。これをみると「ちょっと何やっとんねん、このロボット?」「何のタスクをやっとんねん?」っていう感じなんですけれども、このロボット

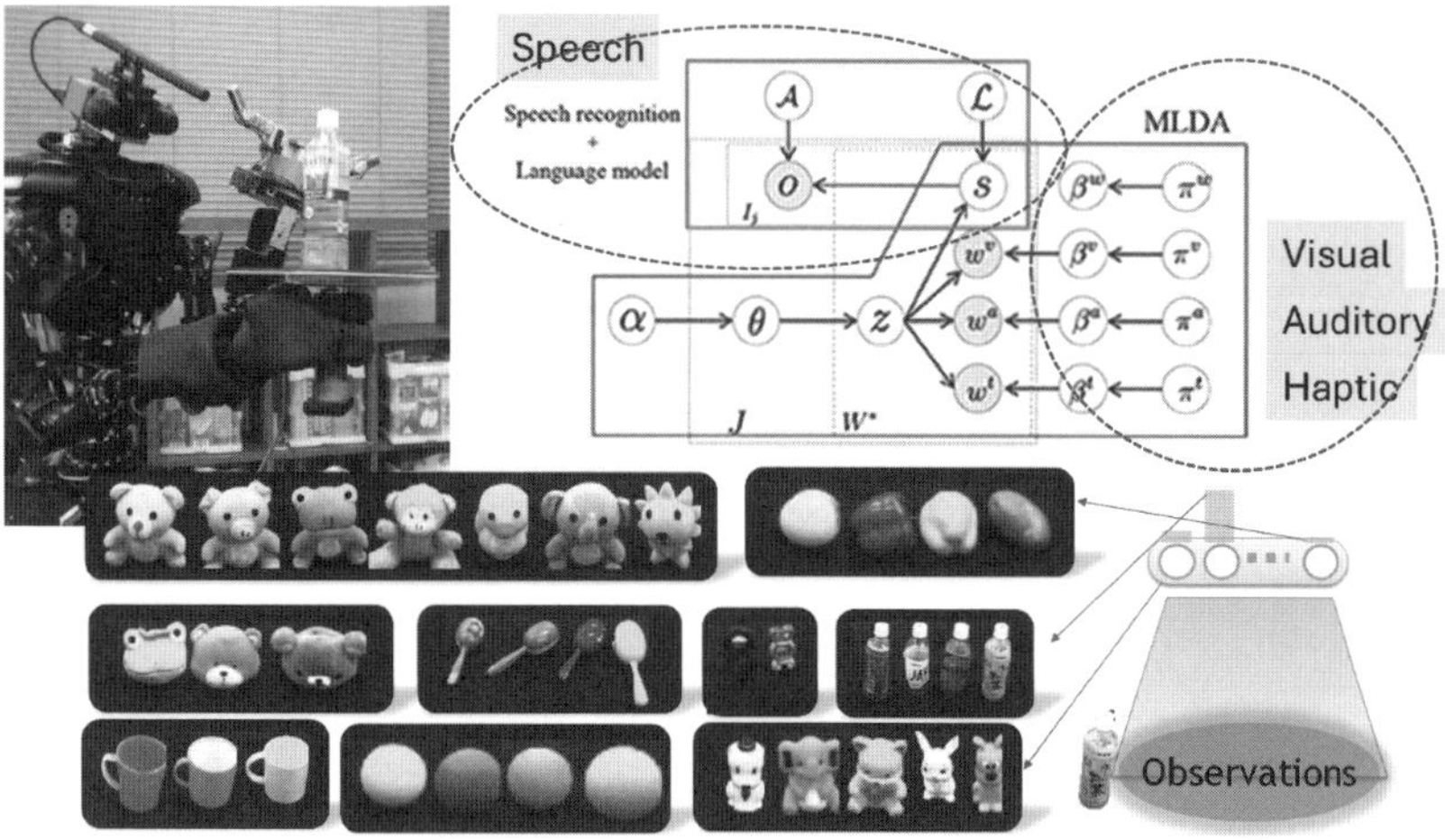

図 2　記号創発ロボティクスにおけるマルチモーダル物体概念形成の実験
(T. Nakamura, T. Nagai, K. Funakoshi, S. Nagasaka, T. Taniguchi and N. Iwahashi, "Mutual learning of an object concept and language model based on MLDA and NPYLM," IEEE/RSJ *International Conference on Intelligent Robots and Systems*, 2014, pp. 600-607, doi: 10.1109/IROS.2014.6942621.)

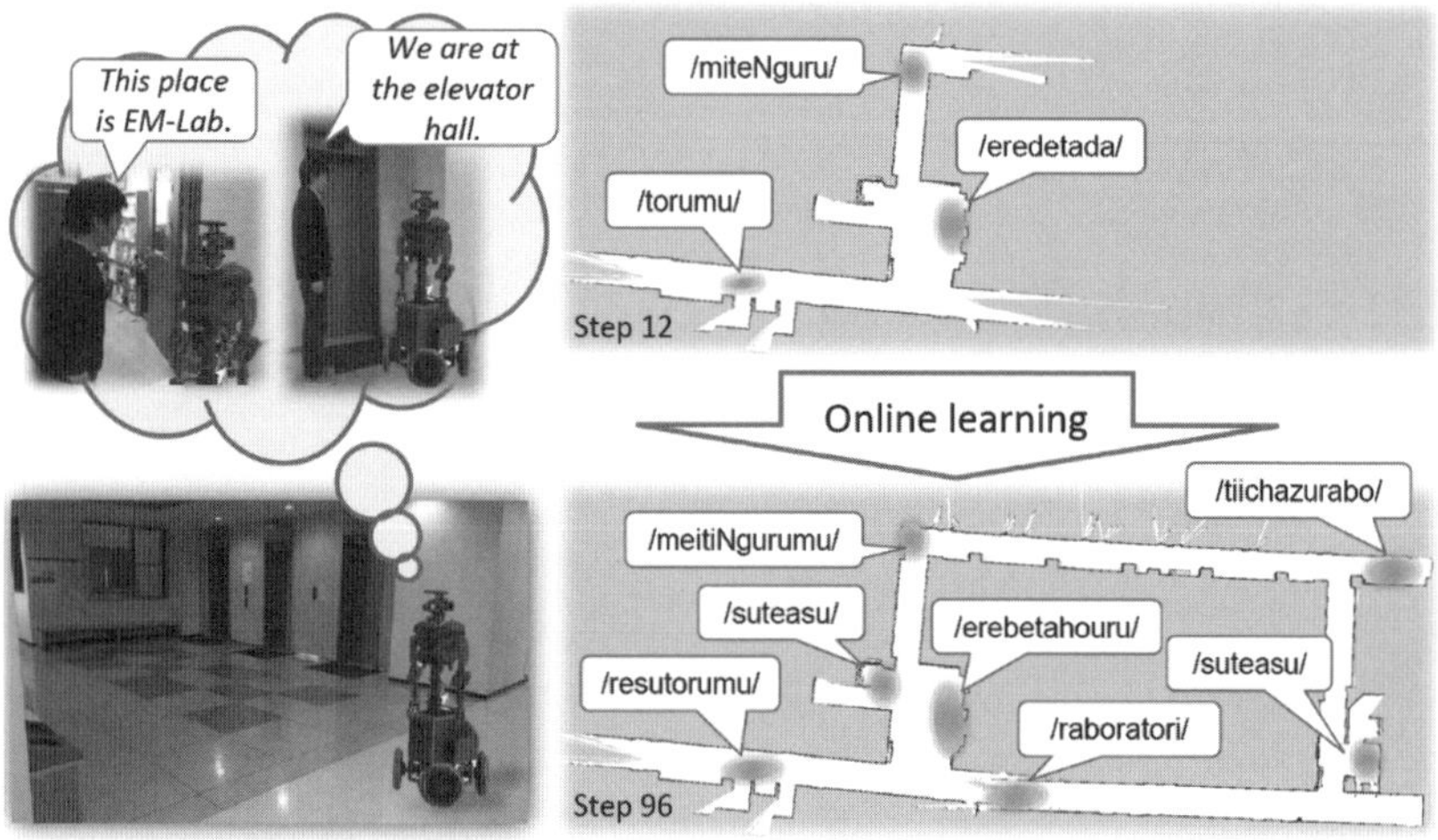

図 3　記号創発ロボティクスにおける場所の概念形成についての研究
(Akira Taniguchi, Yoshinobu Hagiwara, Tadahiro Taniguchi and Tetsunari Inamura, "Online Spatial Concept and Lexical Acquisition with Simultaneous Localization and Mapping," IEEE/RSJ *International Conference on Intelligent Robots and Systems*, 2017, pp. 811-818, doi: 10.1109/IROS.2017.8202243.)

は、ただ物体を何回か摑んで、手触りを確認して、振って、音を聴いて、いろんな角度から見て、聴覚や視覚、そして触覚の情報を獲得しているのです。実験結果に関してはここでは詳しく触れませんが、ペットボトルとか、ぬいぐるみとか、様々なモノに対してやって、その中から、自分自身で物体のカテゴリーみたいなものを見出していく、ということをします。それと同時に、音声データから語彙を獲得させたりします。

図3は、場所の概念についての研究ですね。ロボットがはじめてある建物を訪れて、例えば「エレベーター前に集合な」っていわれても、どこがどのぐらい「エレベーター前」という意味を持つ言葉に対応する場所なのかは分からない。それを自らの経験をつうじて学習していく、ということです。それをロボティクス的には、実際のコンビニエンストアみたいな場所でのデモンストレーションに使ったりもするんですが、今日のセッションでは工学的にどういうふうな貢献があるかということは完全に脇に置いて良いかなと思います。今日はあくまでも記号論的・記号学的な視点で話をしたいと思います。

まず、ここでいう「記号」とは何かというと、さすがに記号学会の先生方はそんなことはないとは思うんですが、やはり人工知能分野やロボティクス分野の研究者は、圧倒的多数が非常にナイーブな意味で「記号」という言葉を使います。つまりほとんどの方が、それを離散的なトークンという意味で捉えています。まあ、これはいろいろと歴史的な文脈がある話なんですけれども、私がここで言っているのは、人間にとって、意味作用を生じせしめる記号でございまして……。まあ基本的にいえば、パース記号論におけるセミオーシス（記号過程）として位置づけることができると思います。

ここでパースの「記号の三角形（セミオティック・トライアド）」を持ち出して説明しましょう。

何でもいいですが、サインがあるとします。まずサインがあって、それに対する対象がある。それら二つはスタティックな関係ではなくて、やはりその間が解釈項（インタープリタント）によって結ばれていることで、意味解釈の自由度があります。人間がある言葉を解釈する際、脳内活動的なものもそうですが、実際のコンテクストや文化に依存して結びつけられるところが重要です。

このような自由度なくして、私たちは言語や記号を創発的に形成することはできませんし、実はロボットなんかも非常に固定的な対応をした差異の意味付けしかできなくなってしまう。実世界では記号そのものに恣意性がありますので、その恣意性のある記号をちゃんと乗りこなすAIロボットを考えるうえでは、やはり三項関係の可塑性というか、その動的な特性をちゃんと捉えないといけないと思います。

せっかくこういう機会ですので個人史的に振り返っておきますと、先ほど私が触れた研究室で今のテーマにたどりついた時代背景として、AIBO君の存在は大きかったと思います。というのも、ちょうど修士課程に入る前ぐらいにそのブームが起きたんです。当時のAIBOの設計論では技術的にも限界があったと思いますが、私もこれに関しては修士課程から博士課程にかけてずいぶん議論を重ねました。そんなこんなで私自身は二〇〇六年に博士後期課程を修了し学位を得て、ちょうど同じ年、AIBOは生産停止になったのです。

そういう意味で私はAIBO世代なわけで、AIBOには結構すごい、他に事例がないぐらいにすごいポジティヴな面もあるんですけども、やはり一般的に考えれば、あの頃のAIBOとインタラクションしているとそのうちに飽きてしまうんですね。というのも、ある種インタラクションが定型的なんです。AIBOが人間に対して語りかけるときにも、「こいつは本当にそう思ってるんだろうか」とか疑いが生じてしまうんですよね。なんというか、インタラクションにおいて意味がずれて感じられてしまう。そこで、じゃあ私たちとの「違い」——比較の対象は子供や犬でもいいと思いますが——って何だろう、と考えるようになりました。結局のところ人間は喋って、日々インタラクションしているなかで、新たに言葉を理解して覚えていきます。その過程で「あ、これは前に言ったアレのことね」みたいな感じで言葉を更新していきます。そういう関わりと変容をとおして、経験を共有して、お互いに変わっていくんですよね。

私としては、記号の意味をともに動的に変化させていく、その中で関係性を構築していくことがやはり重要なんじゃないか、と考えるようになりました。しかし当時、それが可能な、つまりインタラクションの中で言葉を覚えて、その意味を共有していくような機械学習の手法やテクノロジーは存在しなかったんです。それは今でも若干難しいです。ちなみにＡＩＢＯは二〇〇〇年代前半の話ですが、二〇一〇年代以降になるとソフトバンクのPepper君が登場します。これは、皆さんの記憶に新しいかもしれません。

Pepper君の公開は二〇一四年ですが、当時それは「感情を持つロボット」として大々的に宣伝されていました。私としてはもう登場したときから、「嘘つけや！」じゃないですけれども、当時の研究状況では「絶対無理やし」って思っていたわけですが、数年経ってみると案の定、家電量販店の店頭とかでも、（電源が切れたままで）うなだれているPepper君が散見されるわけですね。Pepper君がなぜ人間と関係性を築けないのかというと、そこには記号論的なダイナミクスとか、適応性とかが欠けているからです。

いまだに難しい問題ではありますが、コミュニケーションというのはもちろん一枚岩なものではなく、いろいろな形のコミュニケーションがあるわけです。しかし、とくに人間とＡＩとのコミュニケーション、あるいはロボットとのコミュニケーションについて考える際には、いまだにシャノン＝ウィーバー・モデル的な、入力に対して適当な出力をだす、つまり相手に対して適切なメッセージが届けば、それはコミュニケーションの成功なんだという世界観があると思います。とくに情報分野はその学理のうえに成り立っていますから、そのような捉え方をしがちです。対話ロボットと言ったら、音声で命令をして、その音声で意図されたものが向こうで発現する、といったイメージです。例えば「テレビを点けて」ってロボットに命令すると、パーンとテレビが点いて、「テレビ点きました」というわけですね。

じゃあ、それがたどりつきたい人間とロボットのコミュニケーションなのかといわれると違うよな、と思うわけです。だって、今の例は別にリモコンで叶うことですよね。リモコンを押してテレビが点いて、これだってある意味で、Bluetooth や赤外線によるメッセージが機械に解釈されているわけですね。同じことが達成できているわけです。しかしこれは「通信」ではあるけれども、日本語における日常語的な意味において「コミュニケーション」が含意しているものを十分に含んでいないように思います。スマートスピーカーが登場した際も大きなブームになりましたが、やはりここでも構図は同じで、スマートスピーカーとコミュニケーションしつづける人は稀だと思います。わが家でもそれは、長女が音声入力で音楽をかける Amazon Music プレイヤーになってしまっています。

コミュニケーションにおける記号過程を考えるとき、そこでの記号という存在が個体の、主体の意味解釈のうえで成り立っているという考え方がとても大切だと思います。主体が自律的な存在としてあって、それが自ら「認知的に閉じ」ているからこそ、サインに意味づけをして、記号過程を生み出していくという、ある種の能動的な活動がある。その能動的な活動のうえで、記号の意味がはじめて存立する。——そういうふうに考えるのです。

いま「認知的な閉じ」というフレーズを使いましたけれど、この考えはユクスキュルの環世界論に強くインスパイアされています。環世界――ウンヴェルト（Umwelt）ですね。主観的な認知の世界に閉じた中で、いかにして記号の意味付けや社会における記号の共有を理解するか、ということがポイントになります。もちろん「理解する」と一言でいっても、実際には理解のあり方は様々です。私はここで、どちらかというと物理学的な科学的方法論に軸足を置いてみたいと思います。私たちは人類史において、ニュートンの運動方程式などの数理モデルによって、物理の運動則、物体の運動を理解した訳です。そうしたレベルにおいて、記号の意味作用や記号過程というものを理解することができるか。これが大きな問題です。

記号の意味付けは個人に閉じているんだけど、やはり難しいのは、記号の意味は決して個人の意味付けだけに閉じているわけではなく、社会の中で共有されていくわけです。その面も視野に入れなくてはいけない。記号学会という場では「釈迦に説法ここに極まれり」なんですけども、人間の記号的なコミュニケーションにおいて、私たちが何かその恣意的なラベルを投げたとき、相手がそれを解釈するわけですが、その解釈がどのようなものであったかを私たちは観測できません。つまり他人の脳内は覗き見れず、伝達の誤差をフィードバックできないわけです。

記号的なコミュニケーションを考えるとき、シャノンのコミュニケーション・モデルをイメージする人は多いわけですが、そのアナロジーにはすでに片手落ちな部分がある。シャノンのコミュニケーション・モデルは「送信者側の符号化器／受信者側の復号化器」の正しさに依存するわけですが、符号化器や復号化器の解釈をあわせる方向に、フィードバック情報でチューニングしてあげることができない。そういう情報通信的なアプローチでは捉えきれない面があるわけです。

人間は他者の心を覗くことはできない。しかしそれでも、この社会はうまく回っているというのが不思議であり、重要なところだと思います。これはもちろん、ロボットを相手にするときも一緒でして、あのPepper君が「今日は良い天気ですね。どちらに行かれますか?」と尋ねてきたとしても、その意図や意味は理解できないわけです。「こいつ何を考えてこれを言ってるのかな」と思ったりもする。そして、私たちがその言葉をどう受けとっているのかも、Pepper君にはわからない。私たちが何かを言ったときに、ロボットがそれをどう理解してくれているのか、ということもやっぱり私たちにはわからなかったりする。だから私たちは、人間の言葉を話すコミュニケーション・ロボットの前で立ち尽くすわけです。そういうわけで、人間の系だけじゃなくて、人間とロボットが共在する系においても、こういう話は重要になるわけです。

記号創発システム論の背景にある考え方として、構成主義、とくにピアジェのシェマ理論や、オートポイエーシス論、プラグマティズムの議論、西垣通先生の基礎情報学などがあります。私としてはこれらに、ある種のつながりを感じてきました。それらの底流に存在する根元的な思想として、世界認識や言葉の意味概念というのは、主体の中で生じる情報の自己組織化現象である、という視点があります。そういう視点に依拠しつつ、新たな「意味」のシステム論、構成論を作りたいという考えが、私にとっては博士課程を経た二〇〇六年の学位論文の到達点でした。もうすぐ、それらの思索からは二〇年ほどが経つわけですが、それによりたどりついたのが「記号創発システム」という考え方です。この概念をしっかりと提出したのは、二〇一〇年に出版した『コミュニケーションするロボットは創れるか――記号創発システムへの構成論的アプローチ』(NTT出版、二〇一〇年)という本でした。実はこれ、いろいろなご縁がありまして、先ほど言及した基礎情報学の西垣通先生に機会をいただいて執筆したものです。

ちなみに、私の博士の学位論文は京都大学大学院工学研究科における機械系の、精密工学専攻に提出した論文なんですけど、そのときの副査が門内輝行先生でした。門内先生は記号学会と縁の深い建築記号論の専門家だったので、じゃあそれなら、その時点で記号学会に来るべきだったかもしれないですけど……（笑）。そこから本日のセッション出演までに十数年かかったというのは、たぶんそれなりの意味があるのだと思います。

記号創発システム

では、これからようやく「記号創発システム」ついてご説明したいと思います。気楽に聴いていただければと思いますけども、「記号創発システム」というからには、「創発システム」という概念と密接に絡み合っています。システム論的に考えると、社会における記号の意味を支えているのは、創発システムとしての私たちの振舞いということになりますが、これが記号創発システム論において新しく提起された観点だったわけです。

ここでの「創発」という概念が何かというと、それは「システム構成要素間の局所的な相互作用を通じ、大域的な秩序がボトムアップ的に発現し、そしてこうしてできる大域的な秩序が境界条件として、拘束条件として要素間の局所的相互作用にトップダウンな制約を与える、この双方向的の過程（ミクロ・マクロ・ループ）により、新しい機能・形質・行動などの獲得をもたらす」ことです。具体的には、脳や生命システム、経済システムなんかがこういう特性を持ったものとして捉えられます。日本でも二〇〇〇年頃から創発システムに関わる大きなプロジェクトがあり、議論の高まりがありました。これは基本的には、いわゆる「複雑系」の分野における概念といえるでしょう。これを記号過程としての記号の存立、まさに記号論の基本原理として持ち込んでいくのが、記号創発システムであると考えてください。この時点での説明は、ある種、記述的で図式的なモデルだと思っておいてもらって結構です。

それがどのような見方か、もうすこし説明してみましょう。例えば人間においても、幼児は当初、言語というものを明示的には持ちませんが、環境との相互作用をつうじて物のカテゴリーを形成したり、物を区別したりできるようになっていきます。つまり触覚情報や視覚情報といった感覚情報であるとか、あるいは、自分の行動がどのように環境や対象に作用し、どのような効果を生むかを現象として観察するとか、ある程度、ボトムアップに内部表現を獲得していくんです。これはピアジェの発達心理学におけるシェマ・システムと呼ばれるものに対応するといえるでしょうし、哲学的には発生的認識と呼ばれるものに対応するといえるでしょう。人工知能や機械の分野では、これを「表現学習（representation learning）」と呼んだりもします。ちなみに、このリプリゼンテーション・ラーニングとは、いま述べたように機械学習の分野では「表現」学習と呼ばれますが、リプリゼンテーションは日本語ではふつう「表象」と訳していますので、内的な表象の形成と捉えてもらってもいいと思います。

このようなボトムアップな学習を通して、ある意味でのカテゴリー形成などはできるんですが、それだけで記号に対応するわけではありません。つまりラベル付けの恣意性を考える必要があるんです。例えば、この手許にあるペットボトル。「ペットボトル」と呼ぶと既知のワードになってしまうので、これを仮に「プップ」と呼んだとしますね。例えば、赤ちゃんが「プップ！　プップ！」と発する状況を考えてみましょう。その赤ちゃんが他のペットボトルも「プップ」と呼んだとして、それを見ている人間が「あぁ、ペットボトルのことをいうとんな」と理解するとします。それで、赤ちゃんが「プップ、プップ」とかいってきたら、「はいはい」とか返事してペットボトルを渡したりするわけですね。この時点で、日本語をとくに覚えていなくても、記号的なコミュニケーションはもう発生しているわけです。ボトムアップな視点からみたら、以上のようなダイナミクスが基底に存在しています。ですが、仮にそれが出発点だったとしても、だんだんと子供は親が喋ってる言葉とかを学習していきます。さらに学校や社会で言葉を覚えて、その記号的システムを内化することで、同時にそのシステムに組み込まれていくわけです。いずれにせよこのような形で、ボトムアップな視点から記号的コミュニケーションを考えることができます。

さて、これまで一人の赤ちゃん、一人の人間が記号システムを生み出していく活動について話しましたが、この考え方をより発展させていきましょう。私たちは実はこの種の活動をミクロなレベルで、それぞれに様々なところでやっていて、それにより徐々に、社会で共有する記号システムというものを形成する――編み上げていくわけですね。これが図（図4）で「組織化」と書いている部分に対応します。そのようにして形成された記号システム――私たちが使っている言語などの記号システム――ですが、それは不可避に創発的な存在といえます。にもかかわらず、実際には多くの人が言語を「与えられたもの」、あるいは「固まった存在」としてイメージしがちです。だから「記号システムは創発的なんですよ」と念押しするために、「創発的」を強調して、「創発的記号システム」としているわけなんです。

重要なのはここからです。このようなシステムが存在することによって、私たちはそれに拘束されます。これがある意味、社会における文化や規範と関係する部分ですが、やはり言葉が世界をどう分節化するか、状況におうじてどう発言すべきかを「制約」するのは、記号システムなわけです。このような記号システムがそなえる差異体系がミクロな視点でも、言語活動を縛っていきます。これは、まさに記号学の分野では共通理解なのではないでしょうか。サピア・ウォーフ仮説というものがありますね。言語が違えば、それによって虹が何色に見えるかが変わるなんていう話で

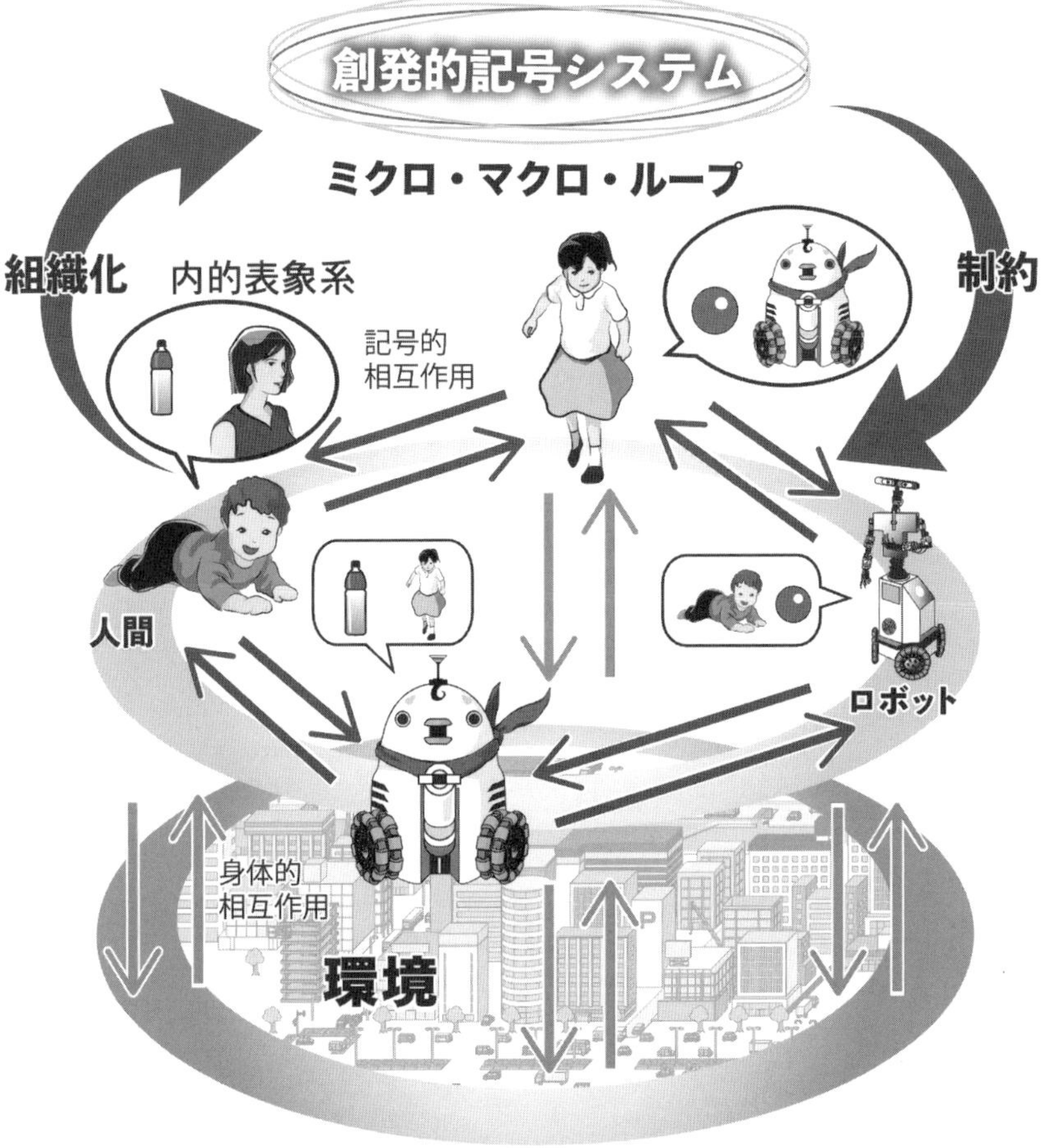

図 4　記号創発システムの概念図
（谷口忠大『心を知るための人工知能——認知科学としての記号創発ロボティクス』共立出版、2020年）

す。言語は世界の知覚にさえ、トップダウンな影響を及ぼすわけです。ただ、こういったループ構造があり、それ自体が変わりつづける中で、私たちは記号の意味を動的に維持しながら、この社会をうまくやっていけているわけです。

このような視点に立脚するならば、記号システムを静的に、またトップダウン的に私たちを支配する単方向的な構図によって捉える必要はありません。むしろ記号システムとは、全体的な集団としての環境適応を通じて動的に変化し、適応しつづける存在と捉えることができるでしょう。そしてさらに重要なのは、下位レベルのインタラクションの中でボトムアップに現れた大域的な秩序が、トップダウンな制約を与えることで、言語的なコミュニケーションという新しい機能を人々に付与している点です。これはまさに、いちばんはじめに申し上げた創発システムそのもの、創発特性を持つ複雑系になっているのです。

記号創発システム――これが当初、私がたどり着いたテーゼでした。こういうシステム論的な見方を意識しつつ、コミュニケーションする人間、およびその意味作用の本質を見つめる必要があると思うのですが、しかしそこから、「実際どう研究していくか」という次なる問題が浮上します。これに対してロボットという、身体を持つ実在のモデルをもちいて、構成論的アプローチでやって行こうというのが「記号創発ロボティクス」というものになるわけです。

構成論的アプローチ

きっと多くの方々が「なんでロボット？」と思われることでしょう。この背景には構成論的アプローチがあります。学問をやるとき、そこには三つの重要な構成要素がある、と私は考えています。一つ目が対象系。すなわち、何を探求の対象とするかということです。二つ目が方法論。すなわちその対象に対してどういう方法論でもってアプローチするかということです。三つ目はやや社会的なレベルの話ですが、コミュニティ。すなわちどういうコミュニティがその研究をやっているかということです。いうまでもなく、それらの組み合わせによっては学問も変わってくる。これは身近な学術分野や、学会などを想像してもらうと理解しやすいのではないでしょうか。同じ対象系を扱っていても違う学問になる場合もあれば、同じ方法論を使っていても違うコミュニティだから別の学術的な流れになる場合もあります。だから「記号現象に対してアプローチしたい」と考えても、それに対して、どういった方法論でアプローチするかによって、学問のあり方やその見え方はずいぶん変わってくるわけです。そんなことを考えながら、私は記号現象に対して「構成論的アプローチ」をとるべきと考えたわけですね。

構成論的アプローチという言葉に馴染みのない方も少なくないと思いますので、ここで簡単に説明しておきたいと思います。構成論的アプローチというのは、わかりやすくいえば「作ってみることによって理解するアプローチ」といえるでしょう。ちなみに構成論的アプローチもしくは構成的アプローチと対比されるのが分析的アプローチです。分析的アプローチとは、むしろ科学的にみて伝統的な方法論だと思ってください。

人間の知能についていうならば、例えば、それに対して分析的なアプローチをとるのが実験的な心理学であったり、脳科学であったりします。現に存在する、知能を持つ脳というものに対して、何かしらの知覚刺激を与えて、その結果をｆＭＲＩで計測したりして、その結果から人間の脳や知能に対する理解を深めていくわけです。そうした分析の積み重ねを通して対象系を理解していくわけですね。それ以外にも、動物の脳の部分的な機能を壊して、それによる行動や反応の違いを観察するといった研究もある。必ずしも脳の計測が必要なわけではなくて、心理学であればある実験タスクを準備して、それに対する認知的な反応や行動を観察することによって理解を深めることもできます。

しかしこのような分析的アプローチは「今ある知能」を理解するという点に終始しがちです。ですが、どうしても知能とは、現象として非常に複雑な存在であるわけです。ここで、わざわざ「今ある知能」と表現しているのは、もちろん「今ここにない知能」を問題にしたいからなのですが、「今ここにない知能」というのは宇宙人とか人工的な生命体とか、そういうものを言っているわけでは必ずしもありません。一年後の自分とか、幼い頃の自分だって「今ここにない知能」なわけです。知能にとって学習や認知発達は本質的ですが、分析的なアプローチでそうしたプロセスを扱うのは容易ではありません。

他方で構成論的アプローチは、むしろ認知システムの持つ機能が形成される過程をダイレクトにモデル化しようとします。計算機やロボットを使ってモデルを組み上げて動かしてみる。そして「ちゃんとそういう振舞いができるかどうか」を検証するわけです。この構成論的アプローチは、歴史的にはさほど古いわけではありません。その起源は一九八〇年代とか一九九〇年代ですね。人工生命や複雑系といった分野が花開いた頃に、徐々に立ち現れてきます。これは単純にいうと計算機の出現と発展によって可能になった科学的アプローチといえるでしょう。計算機があることによって、様々なシミュレーションを回せるようになった。それによって実現された構成論的アプローチですが、しかしできることはある程度、限られているともいえます。

この限界に関する議論は、今日は時間の都合で省略します。ですが基本的には、モデルを作って動かすことによって可能性を示すことはできる。つまり「こういうふうな仕組みで動いているんじゃないですか」といった具合です。「それやったらこういうふうな作動をしますし、ここを欠くとこういう問題が生じそうですよ」と示すことができるんです。

構成論的アプローチの根底にあるのは、基本的にはモデル研究なんですよね。人間は科学史において、様々なモデルというものを作ってきました。このモデルの位置づけってなかなか難しいんですが、例えば固体の格子振動に関する模型として、アインシュタイン・モデルをあげることができるでしょう。バネで粒子が繋がって個体結晶ができている、みたいな絵とか見たことがあるのではないでしょうか。さらに電子が原子核の周囲を回っているというモデル――長岡の原子モデルとかですね。まあ皆さん、何となくご存知だと思います。そういったモデルという存在は、現象に対する私たちの理解を助けてくれるわけです。しかも、このようなイメージを持つことによって、さらに次の予測をしたりとか、仮説を作ったりとかができる。もちろんそのイメージは色眼鏡だったり、先入観だったりもするわけですが、そういうモデルを通じた構造的な事前知識（プライアーナレッジ）が私たちの科学的思考を駆動しつつ、私たちに理解を与えるわけです。

構成論とはある意味、そうしたモデル研究の一種になります。モデルが絵や数式だけではなく、それを実際に動かすことによって、よりダイナミックに現象を観察できるという点に重要性があります。ただそれはシミュレーションの範囲だと、計算機の中だけでの検証になります。これがロボットという形をとると、実世界の中で動かしてそのモデルの可能性を検証できる存在になります。

先ほども申し上げたように、記号創発システムを考えるうえで、ただ文字列のようなテキストとしての記号、つまり、できあがった後の記号だけを取り上げて研究しても駄目だ、というのが私の考え方なわけです。やはり「環境との相互作用」という部分を忘れたらいけない。そして、環境と相互作用する身体が重要なのです。これはある意味で、これまでの記号学や記号論が身体と環境との相互作用を切り落としてきたこと、そして、それが記号システムの動態を理解することから外れてきたことに対する問題意識にも繋がっているわけです。

学習しつづけるダイナミクスとしての認知を実装するためには「身体」が必要だよね、と考えるわけです。人工的なモデルとしての身体は、つまりロボットですよね。ということで、ロボットをもちいて「記号創発システム」にアプローチしようと試みるのが記号創発ロボティクスなのです。もうちょっと個別の研究事例を紹介できると良かったかも知れませんが、本日はとりあえず、記号創発ロボティクスの説明としては以上になります。

集合的予測符号化仮説

では、最後にしてもっとも重要なトピックに移りたいと思います。それは「集合的予測符号化仮説」です。先ほどの記号創発システムの概念図（図4）はあくまで図なんですね。あれ自体は図式的なモデルであって、計算機で動く構成論的なものではありません。では、それをどうやって組織の中、集団の中での言語の形成まで含めて、各ロボットの環境適応と、それを全てまとめて一つの数理モデルに落とし込むか、というのは大きなチャレンジでした。それに対して良い答えがでないまま一〇年以上を過ごしたんですが、最近ようやく、一つの視点にたどり着きました。その考え方を一般化したものを「集合的予測符号化」と呼んでいます。専門用語が入ってくるのでわかりにくいかもしれませんが、記号創発というのは集合的な表現学習として捉えられるというのが主たるポイントです。これは分散的なベイズ推論[*2]に対応するものです。ここでいう「集合的」というのは、いわゆる集合知の「集合」概念や、ユング心理学における集合的無意識というときの「集合」概念と同じようなニュアンスだと理解してください。

「集合的予測符号化」で重要なのは、個々のエージェントの自律的なサインの棄却・採択の意思

＊2　ベイズ推論とは、結果に対応する観測データからその原因に対応する潜在変数を推論する手法。確率統計の基礎である条件付き確率の発展として、機械学習の基礎的な考え方の一つとなっている。

決定が重要な役割を果たす、という点です。そして記号システムは、多数のエージェントの進化における感覚運動情報にもとづいて得られる、世界の情報が符号化されたものである、ということになります。「言語はみんなで作る世界モデル」なんて言い方をすることもあります。わかりにくいキーワードをたくさん持ち出してしまったかもしれないので、ちょっとだけ整理しながら私の話を締めたいと思います。

まず、背景に「予測符号化」という考え方があるのですが、最近ではこれに関連するものとして「自由エネルギー原理」という考え方があります。これは脳科学をはじめとした様々な分野で広まっている言葉ですが、主唱者はカール・フリストンというUCLの教授です。自由エネルギー原理は脳の大統一理論ともいわれていますが、人間の認知を表現するうえで、かなり普遍的な一般原理として捉えられると思います。そしてそれは、「予測符号化」とほぼ同義といって差し支えないと思います。

ざっくりというと、それは人間の脳はひたすら自身の経験や感覚運動情報を予測できるように、内部表現を作り学習をつづけている、そしてさらに行動選択も行っている、という考え方になります。そう説明すると、皆さんのなかには「ええ、予測だけ?」と思われる方もいるかもしれませんが、実は予測できるようになるだけで様々なタスクを遂行することもできる、そういうことが今、明らかになってきています。

「予測符号化」とは、個体の知能や学習にとってはかなり強い説明原理だと考えられますが、「いや、それだけにとどまらず、これは実は社会全体でもそう考えられるんじゃないか?」というのが「集合的予測符号化」ということになります。これはある意味で、もう主体というのを人間個体から、言語システム・記号システムの方にずらすことを意味します。記号システムという主体が世界をうまく予測符号化するために、学習をつづけていると考えるのです。

ちょっと雰囲気を摑んでいただくために、私たちの最近の研究を紹介したいと思います。私たちの論文で「メトロポリス・ヘイスティングス名付けゲーム」という数理モデルを提案しています。

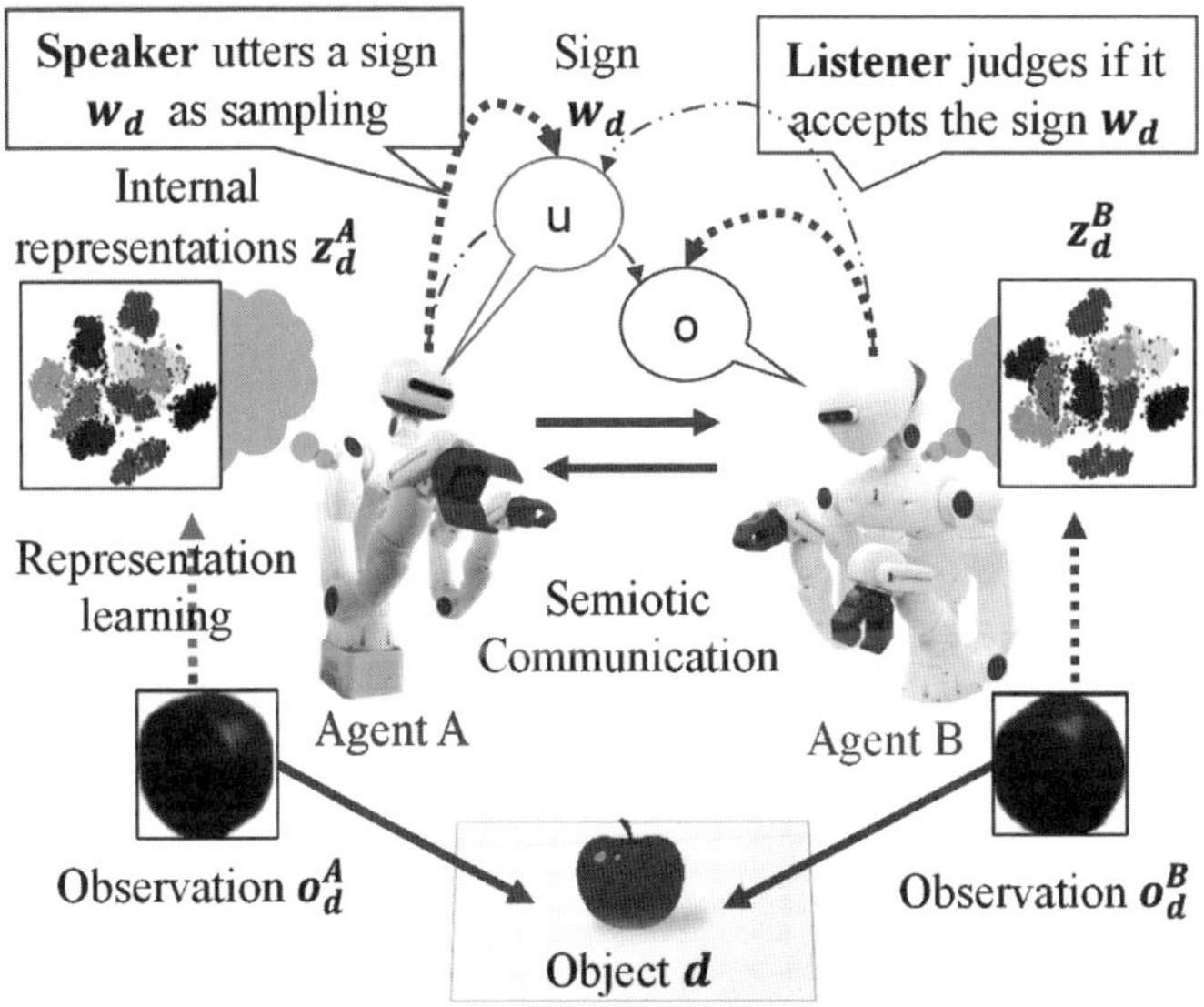

図5　「メトロポリス・ヘイスティングス名付けゲーム」のモデル図
（Taniguchi, T., Yoshida, Y., Matsui, Y., Le Hoang, N., Taniguchi, A., and Hagiwara, Y., "Emergent communication through metropolis-hastings naming game with deep generative models," *Advanced Robotics*, 2023, 37(19), 1266-1282）

図5を見てください。これは、とても簡単な「名付け遊び」です。エージェントAとエージェントBがいて、ある物体を一緒に見ています。この時に二体のエージェントが同じ対象を見ているという共同注意の仮定は置きます。見えている像は異なりますが、同じ対象を見ているということですね。

ここでエージェントAがその対象に何らかのかたちで名付けをするんですね。自らの知覚にもとづいて、それらしい名前を与えるわけです。それを相手は覚えるかといったら、これは覚えても覚えなくても良いんです。実はこのエージェントBは、その名前に対して自分の知覚的な表象がどれだけ妥当かという「信念」を確率として計算するわけです。自分の信念に対して、その名前が結構一致すると思ったら採択するし、それは違うなぁと思ったら基本的に採択しないという考え方です。これが確率的に行われます。「まあまあ、無くはないかな」と思ったときには低い確率で採択する、というわけです。そして、こういうことを繰り返すんですね。この確率計算が「メトロポリス・ヘイスティングス法」と呼ばれる統計学の理論にもとづいているので、「メトロポリス・ヘイスティングス名付けゲーム」と呼んでいます。

実は、言語の創発に関する従来の構成論的な研究は歴史的に、この名付けゲームをベースにしながら進められてきたものも結構あるんですが、メトロポリス・ヘイスティングス名付けゲームはその変化形になっています。実はこういうふうに、相手からは特に何が正解で何が間違っているかというフィードバックをもらわずに、ただ自分の信念にしたがって、ある程度の確率であわせていくことをさせるのです。つまりある程度、相手を無視するっていうことですね。実はこのような条件を仮定すると、これは非常に数学的に良い性質を持っていることが明らかになります。つまりこのゲーム的なやりとりが二体のエージェントの観測をともに所与としたベイズ推論になっているということが証明できます。

詳細は省略して、ここでは概要のみお話しします。各エージェントの脳を繋いだようなものを考えてください。その繋がれた脳が表現学習を通して内部表現を得るみたいな状況を考えてください。これを推論するアルゴリズムを考えます。すると実は先ほどの名付けゲームで計算される共有サインが、この内部表現の推論結果に分布として数学的に一致するということがわかります。かなり端折ってしまっているので、ちょっとわかりにくいかもしれませんが、ともあれメトロポリス・ヘイ

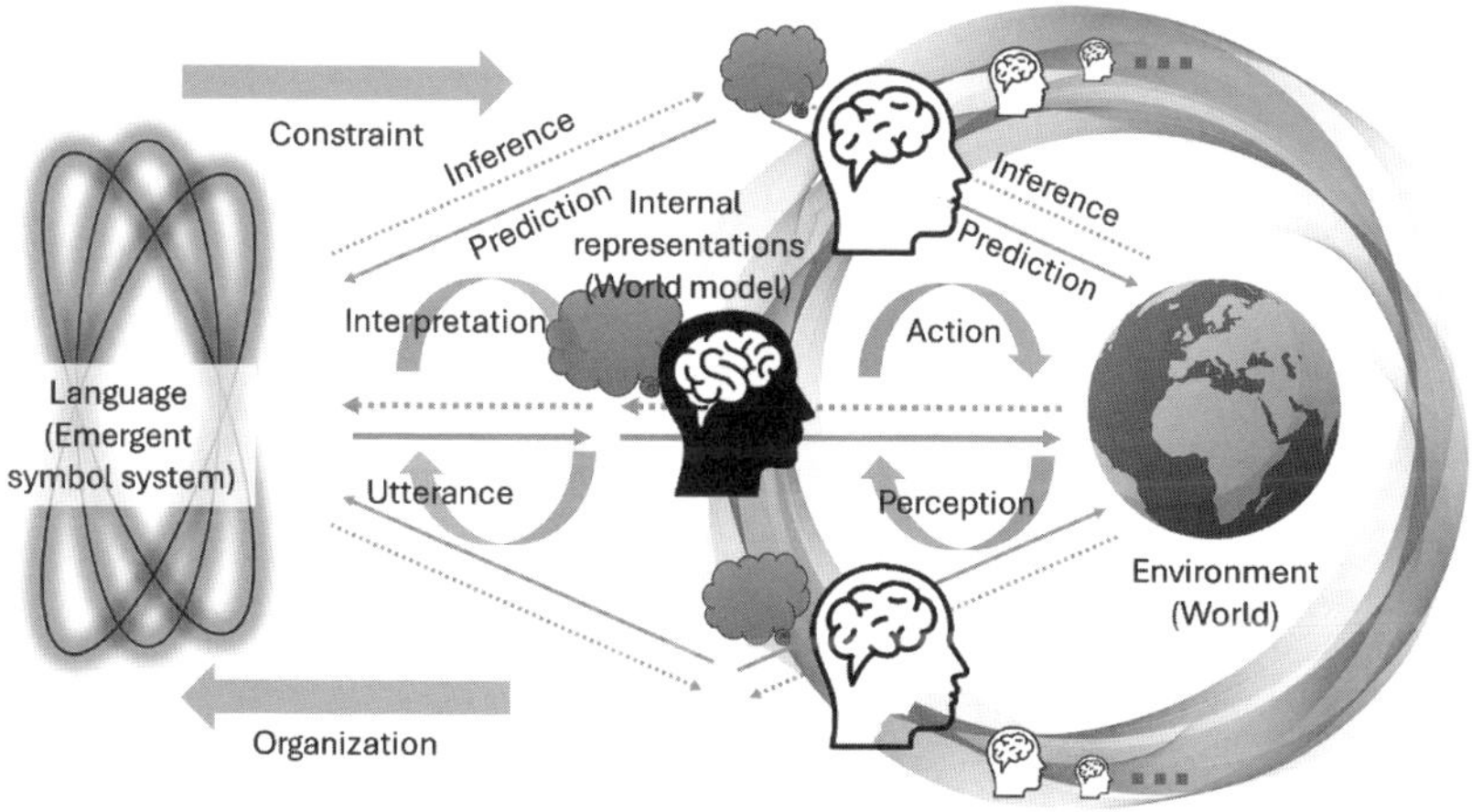

図6　「集合的予測符号化」のモデル図
（谷口忠大「集合的予測符号化に基づく言語と認知のダイナミクス――記号創発ロボティクスの新展開に向けて」『認知科学』2024年31巻1号，186-204頁，公開日 2024/03/15, Online ISSN 1881-5995, Print ISSN 1341-7924, https://doi.org/10.11225/cs.2023.064, https://www.jstage.jst.go.jp/article/jcss/31/1/31_2023.064/_article/-char/ja）

スティングス名付けゲームで起きる記号創発は、二人が頭の中を覗き合って学習するのと同じような効果をもたらすということです。この一連のプロセスで、二者のエージェント間において、共通の記号をボトムアップに形成することができます。これは全エージェントを繋いだときの予測符号化のモデルと、ほぼ一致するんですね。つまり、これが示唆するのは、私たちがある種の記号を形成して、さらに記号システムを社会の中に形成していけるということは、私たちの脳を全て繋いだ系において、集合的に皆で一緒に予測符号化をしているというモデルと一致する、というわけです。これが言語のはじまり、言語や言葉といった記号が意味を持っていくプロセスとしての、記号創発システムの基本的なダイナミクスじゃないかな、と考えています。これを集合的予測符号化と呼びます（図6）。

ここで改めて、個人の予測符号化について考えてみましょう。個人の予測符号化とは、あくまで個人が環境との相互作用の中で、環境を予測できるように内部モデルを作っていく過程なんですね。しかもそれが、人がたくさん集まってきて、それぞれでインタラクションをおこなうなかで、うまく創発的な記号システムを形成していくことになります。これが、ボトムアップな描像なんですけれども、主体を逆転させてみると面白い描像が得られます。

先に「言語ありき」の世界から考えると、言語がある意味で各人を隷属させているわけです。言語が個々の人間を環境とインタラクションさせて、そこから得られた感覚運動情報を言語へと汲み上げさせていると捉えることができる。そして、そのような動的なシステムが環境をモデリングしつづけている、というわけです。それが一定程度、数理モデルとしてもそうなるように思います。それが「集合的予測符号化」という話です。

これが面白いのは、人間が集合的予測符号化をしているとするならば、その集合的予測符号化のメンバーになれるようなロボットを入れ込むと、人間とロボットが一緒に環境への適応をして、一緒に言語を作っていく、といったことも可能なんじゃないか、と考えられることです。こうすると、人間とともに変わり続けながら、人間と同じように相互理解を醸成していくようなロボットが実現できるのではないかと、今、野心的に考えているところです。かなり時間をオーバーしてしまったと思うので、以上でいったん終わりたいと思います。ありがとうございました。

パース思想とＡＩ・ロボティクス――マルチスピーシーズ記号創発システムの構想

加藤隆文

私はパースの思想に依拠しながら、谷口さんの「記号創発」の構想が記号学会の皆さんにとってこういうところが面白いのではないか、という論点を指摘していこうと思います。よろしくお願いします。

人間とコミュニケーションが取れるロボットを作ろうとしたとき、ロボティクスのアプローチだったり、認知科学のアプローチだったりと、様々な視点があります。とはいえ、いずれのアプローチをとるにせよ、ロボットと人間にとってそもそも「意味」とは何なのかというところが、記号創発システム論の中心にある哲学的な問いになってきます。

谷口さんの記号創発ロボティクスは、人工知能と身体をそなえたロボットが環境や周囲のエージェントとの相互作用によって意味を見出していく過程を明らかにする研究として整理できます。そして、これが記号創発システムについての構成論的なアプローチですね。

人間が言語を使えるようになっていくプロセスを、身体を持ったロボットで再現して、そこから、人間の言語の仕組みを明らかにしようという関心がここにはあります。このアプローチなのですが、先ほど説明があった通り、実はパース記号論の記号概念にもとづいて理論立てられています。どうして記号創発ロボティクスがパース記号論を参照するのか、少し順を追ってみてみましょ

図1　加藤隆文氏

う。

ＡＩロボティクスの分野では、伝統的な記号の概念が通用してきました。「シンボリックＡＩ」といわれるアプローチにおける「シンボル（記号）」なるものが、この伝統的な「記号」概念に相当します。これはようするに、記号論理学でいう記号、数学的な記号です[*1]。だから、ここでいう記号システムというのは、例えばＡＩの研究者や開発者というそのシステム外の存在によって、すでに決まったものとして設計されている。こういう記号観では、記号の恣意性だったり、自律性や可塑性だったりを説明できません[*2]。

しかし、そういう記号の捉え方では問題があるだろうということで、別様の記号の概念がありうるのではないのかと、谷口さんをはじめとするロボティクス研究者たちは考えた。シンボリックＡＩでいう「記号」、つまり記号論理学の記号とは別様の記号として、人間社会における記号というのがあるのではないか。これが記号創発ロボティクスの中で、構成論的アプローチによってその作用を再現してみようと思っている記号です。そして、こういうものを扱うのが、実はパース記号論のシンボル概念だということです。そういう記号概念が、この記号創発ロボティクスで打ち出していく記号の概念にあたるわけです。

ここでちょっと、記号学会の人たちにとってはややこしいポイントがあります。パース記号論で「シンボル」というのは「サイン（記号）」の下位カテゴリー、サインの一種です。今回、そのシンボルという言葉を、記号創発ロボティクスの文脈と足並みを揃えることにしていますので、本セッションでは記号といったら「シンボル」のことだということで、とりあえずご理解ください。

シンボリックＡＩでいうような意味での「記号」を使えるロボットを実現できたとしても、もう一方の意味での記号を使えなければ、人間とコミュニケーションを取れるロボットは実現できない

＊1　シンボリックＡＩにおける「シンボル（記号）」という概念は、これまでの記号学や記号論の議論における記号という概念がもつ射程の全体、すなわち幅広く社会や認知において生起する現象としての捉え方とは異なり、あくまで、コンピューターの中で計算処理される論理的な符号を何かの内的表象として捉える、という意味合いに限定された概念である。

＊2　ここでは、ある記号がどういった対象を指し示すようになっているのか、あるいはなっていくのか、ということに関する記号の恣意性、自律性、可塑性のことをいっている。

のではないか。つまり、環境に適合しながら、自分なりにその言語体系を組み立てていくというプロセスがないと、人間とコミュニケートできるようにならないのではないか。この問題を考えるにあたって、パースのシンボル概念をもちいるのが良いという話になってきます。

パースの記号論

ここでパースの記号論を簡単に説明してみたいと思います。パースの場合、サインつまり記号と、オブジェクトつまり対象の二項だけではなく、この記号が対象と結びつくために、解釈項と呼ばれる第三項が挟まれる。そして、この第三項のおかげで記号の可塑性が出てくるということになります。例えば、日本語話者の場合、日本語の「猫」という言葉で、こういうものを思い浮かべますね（図2）。でもこれは、日本語話者という解釈者が間に挟まっているからこそ、こういう結びつきができるわけです。だから、例えばフランス語で、猫を「chat」っていったりしますが、たまたまフランス語を知らない日本語話者の人だったら、この文字を見たときに、例えば友達同士でおしゃべりしている状況を思い浮かべるかもしれません。しかし、その人がその後にフランス語を勉強して、例えばフランス語の本を読んでいるときに「chat」という言葉に出くわしたら「これは猫のことだな」と思ったりできるようになる。つまりその記号の結びつきが、つまりは解釈が、変化ないし成長することもありうるということです。そして、そのおかげで、その記号と対象の結びつきが可塑的になっていくという点が、このパースの三項関係で説明する記号論のいちばん大事なところかと思います。

そして、パースの記号概念にはもう一つ大事なポイントがあります。――それはセミオーシスです。この概念は記号過程、つまりプロセスにかかわりますが、このアイデアのおかげで、次のよう

図2 日本語の「猫」という言葉と結びつくであろう対象のイメージ

な側面に注目できるようになります。つまり今、解釈項が挟まるおかげで可塑性ができるといいましたけど、この解釈項がどういうふうに形成されたのか、そこまで考えられるようになります。つまり、三項関係の記号過程というものがどのように確立されてきたか、あるいは、それが今後、どのように変化・進化していくのかということまで考えられるようになるわけです。

先ほどは便宜上、人間を解釈項あるいは解釈者として設定して説明していました。パースは記号をさまざまな形で分類するんですけど、とくに有名なのは「イコン」、「インデックス」、「シンボル」という分類ですね。ただ、ここで想定している記号過程には、そのイコン、インデックス、シンボルそれぞれだけではなく、これらを組み合わせた集合的な記号過程というものも含まれます。そして、その最たる例が、やっぱり人間ですね。あるいは人間の心、人間の精神です。記号、シンボルが対象と結びつく際に、その間に解釈項が挟まるというのがパースの記号論ですが、ただ、この解釈項を最大限に大きなものとして捉えてみると、これを人間の心に蓄えられた習慣や社会的慣習の集合体のようなものとして捉えることもできるでしょう。そういうわけで、この人間自体がセミオーシスだ、ということもできるかなと思います。実際、これは、パース自身が主張していることでもあります。

それではこの、人間の心でもあるところのセミオーシス、これがどう確立されていくのか。――この点に関するパース自身の説明を見てみたいと思います。パースは、ストーブに触って「熱い！」となってしまう幼児の話をもちいて、人間の心という集合的な記号過程の成立を説明します。幼児は当初、ストーブが熱いことを知らない。だから、まわりの大人から「熱いから触っちゃダメだ」といわれたとしても、うっかり触ってしまうわけです。そして、触ってみて「熱い！」となって、次から触らないようにしようと思うとする。このとき幼児は、自分が無知であったことを悟る。つまり、まわりの大人たちがいっていたことは正しい、そして自分はその正しい考えをとっていなかったんだ、ということを知るわけです。そしてパースいわく、このときに幼児は、この無知が宿りうる場所である自己というものを措定する。つまり、間違っていたということは、自分という記号過程が間違っていたということであり、そういう不備のある記号過程が自分なんだというふうに、逆にそういう、やけどをした経験、間違いに気づいた経験によって、自己という記号過程の存在を想定するようになります。ある意味、これは推論的に自己を導き出した、ということになります。

無知に気づいてまわりの記号過程も取り入れ、成長していく記号過程として人間の心を捉えると、このような人間観が出てくるのかなと思います。つまり、パースの記号論によって「自己」と呼ばれる巨大な記号過程が外的世界の様々な現象を経験しながら、外的な記号過程を自身の一部として受け入れたり、適応的な習慣を充実させたりして成長していく過程を構想できるようになる。

だからこそ、パース記号論をもちいれば、記号、とくにシンボルがどのように対象と結びついて意味を確立しているのかを考えられるようになります。そして、この意味を確立する背後には、習慣確立の過程を経ている人間の心という巨大なセミオーシスが作用しています。この習慣確立の過程というところが、実はポイントになってきます。

というのも、いったん今までの話をAI・ロボットの研究に関連づけてみますと、人間の心は巨大な記号過程だといえるでしょう。そして、こうした記号概念というのは、シンボリックAIにおける「記号」の概念とは全く異なるものです。つまり、これによって記号過程の可塑性を説明できるようになっています。だから、パース記号論の諸概念は、私たちのめざすロボティクスにちょうど良い。記号の進歩の捉え方として可塑性を説明できるからです。なぜ可塑性が説明できるかというと、解釈項が入っているからで、ここでの解釈項は、人間という巨大な記号過程として捉えることもできる。人間が習慣を確立して生きていくようになると、この過程というセミオーシスの考えも、ロボティクスにおいては、環境に適合して言語を習得していき、人間とコミュニケーションがとれるようになるロボットを構想するのにちょうど良いわけです。このように人間を大きな記号過程と考えるというようなアイデアが、記号創発ロボティクスにとっては非常に合っているといえます。

ここでちょっと、一歩引いて、「意味」ということについて、プラグマティストの立場から補足しておきたいと思います。パースは、プラグマティズムという思想潮流の創始者の一人です。プラグマティズムでは、記号の意味というものを、それがどういう行動に結びついているかという観点から説明します。ビアグラスを例に考えると、「それを使えばビールを美味しく飲める」とか、「それを使えば宴会を開いて誰かと仲良くなれる」とかいうことが、ビアグラスの意味になってきます。あるいは、パース自身の例を参照すれば、「硬い」という言葉はどうでしょうか。硬いものは、それに様々なものをこすりつけたとしても、傷がつかないであろう。つまり「様々なものをこすりつける」という実験もしくは行動と結びつけて、「硬い」の意味が説明されるわけです。ここから、皆さんに気づいてほしいのは次のことです。——プラグマティズムによる意味の説明というのは、辞書に出てくるような定義を与えようとするものではない。つまり分析哲学でいうような、分析的定義を導き出そうとしているわけではないのです。むしろプラグマティズムの考えにのっとれば、記号というものは、私たちが長年かけて積み重ねてきた実践に照らして意味をなしています。ここに実践が挟まっているところがとても重要です。だからこそ、記号の意味というのは可塑的であり、さらに私たちの未来の実践にしたがって変化することもありえます。そのような記号観が、パースのおかげで導入できる。

未来の記号創発システム

そしてここから、パースの記号論を記号創発システムの話に重ねていこうと思います。私たちの問題意識は次のようなものです。――「人間とコミュニケーションが取れるロボットはどうすれば実現できるのか」、あるいは「ロボットと人間にとって意味とは何か」。パース記号論のアイデアを応用すると、これらの問いに対してある程度、答えを導きだすことができると思います。つまり、人間というものは、実践の集積や習慣化の過程を経て、記号の機能を確立している。だからこそ、人間同士の間でのコミュニケーションが可能になる。そして、こうした過程をロボットにおいて実現できれば、そのロボットは人間とコミュニケーションが取れるようになるのではないか。ともあれこのような発想のもとに、私たちは構成論的アプローチをとっているわけです。

記号創発システムの説明に関しては、先ほど谷口さんがしてくださった通りなのですが、人間たちで構成される社会や、あるいは細胞から構成される生命も一種の創発システムです。そこで、それぞれの構成員は自律的に動いているんですけれども、他方で、ある全体を統制するような秩序を導きだしている。ボトムアップでそういう秩序が作り出されているわけです。そしてその秩序がトップダウンで全体を統制する。こうした両方の相互作用が存在することについて、谷口さんは先ほど「ミクロ・マクロ・ループ」という概念をもちいて説明されていました。そして「創発」とは、こういうミクロ・マクロ・ループが、システムで新しい機能とか、特徴とか、振舞いとかを生じさせることを指しています。なので、たとえば会社組織なんかも創発システムの一例です。

そして、先の主張とも重なりますが、人間の使っている言葉、言語というものもまた一種の創発システムです。人間が記号の意味を理解し、記号を巧みに操れるようになるのは、ボトムアップの適応過程です。しかしながら、個人が自分の中に記号システムを形成するだけでは、他者とコミュニケーションできるようにはなりません。他者との間で、共通の合意が必要だったり、他者と同じ文化を共有していたり、あるいは他者と似たような身体を持って似たような環境で苦労してきた経験が必要だったりします。ともあれ、人間同士の使っている言語を介したコミュニケーションに、近い将来、ロボットも入ってくるのは容易に想像がつくかと思います。記号システムのグローバルな秩序が形成されると、各エージェントは、記号をもちいたコミュニケーションができるようになって、協力しあったりもできる。そして、その記号システムは、私たちの行動制約にもなる。こんなふうに、記号を介したコミュニケーション・システムには、ボトムアップとトップダウンの双方向の作用があり、そこにはミクロ・マクロ・ループがある。記号的コミュニケーションというのは、こうした記号創発システムから創発して形成された機能だと考えられるのではないか。そして、ここにロボットも入ってくるかもしれないというのが、今回の話です。こういう、人間とロボットを含む記号創発システムが動いていく未来の姿は、ある程度は現在もすでに出てきていると思いますが、以上に述べたような考え方から構想されているといえるでしょう。

パースの心の哲学

さて、そろそろ発表をまとめたいと思います。これまでの内容を踏まえて、次のように問いかえしてみましょう。――「未来の記号創発システムにおいて、人間というエージェントの自己認識はどうなっていくのだろうか」。ここで、もう一つ、パースの面白いアイデアを紹介しておきたいと思います。人間の心に関するパースの理論は、実は、心の哲学の分野でいわれている「拡張した

[*3]心」という考えと似た発想をしています。ただ、少し違うところがあって、そこがパース思想の利点になっているという点に最後にふれたいと思います。

拡張した心とは何か。たとえば、記憶障害を持つオットーという人がいて、その人が美術館に行きたいと思うけれど、美術館の場所がわからない。というのも、彼はその場所を記憶していないからです。しかしこの人は、自分が記憶障害を持っていることを理解しているので、なんでもかんでもメモにとって残しておく習慣を持っていました。そういうわけで、美術館に行きたいときには、自分の持っているメモを参照して、住所を確認して美術館までたどりつく。そんなふうにして、メモを携えたオットーは美術館に行くことができる。つまり、オットーだけだったら、自分の記憶を参照して美術館を訪問することはできないけれど、メモ帳を携えたら、つまりメモ帳とカップリングしたら、それができるようになるわけです。

こうしたことを踏まえて「拡張した心」の議論は次のように展開します。記憶を思い出してある場所に行くという個人の心的過程は、オットーの場合、脳とメモ帳からなるハイブリッドなシステムによって展開している。しかし、ここでちょっと問題があります。つまり、オットーを一種のハイブリッドなシステムと見ることはよいとして、しかしオットーの自己というものがメモ帳へと拡張しているといえるのだろうか。つまり、オットーの心的過程が拡張しているという主張をしたいのだろうけれど、ここからオットーという自己が拡張していると主張するのは飛躍しているのではないか。しかし、パースの理論にのっとれば、自己とは巨大な記号過程であり、外的世界の記号過程を取り入れながら成長を続けるものと考えられます。だから、もともと記憶障害を持ち美術館についての記憶を想起できないオットーですが、メモ帳があることによって「メモ帳を携えたオットー」になり、それができるようになった。これは、ある意味でオットーが、自分の記号過程を更新

＊3　Andy Clark and David Chalmers, "The extended mind," *Analysis*, 1998, 58(1), pp. 7–19.

したと考えられるのではないか。つまりこれは自己そのものを「拡張」しているのではなくて、自己を「更新」しているというべきなのではないか。そういうわけで、メモ帳を持たないオットーは一つの記号過程であり、メモ帳を携帯するオットーもまた一つの記号過程であると考えられるのではないか。後者は、メモ帳の記号を取り入れて更新された自己とみなせるのではないか。そういう指摘をしてみたいわけです。

こんなふうに考えると、心をめぐるパースの思想は、自己や心について、より柔軟な捉え方を提供できます。つまり、状況に応じて様々な仕方で自分自身とみなす記号過程を選択できる。様々な規模やレベルで、自分自身を捉えることができる。例えば、状況に応じて、自分はある家族の一員、社会の一員とみなしてもよいし、ある道具と「ともにある」自己を選ぶことも、その道具と「ともにない」自己を選ぶこともできます。

こういう考えに依拠すると、ロボットを含む共同体に生きる人間は、ロボットとともに生きる自己を自分自身として捉えるようになるでしょう。そうなると、人間とロボットの両方がエージェントとなり、記号システムの創発に関与する将来像を得ることができます。そしてパースの思想は、そうした新しい記号創発システムにおいて、新しいシステム・機能・知性などが創発する未来社会を、より柔軟かつ生き生きと構想する助けになるはずです。

マルチスピーシーズ人類学との連携の可能性

最後に、話題を開くために少しだけ、一昨年の日本記号学会の大会で議論されたマルチスピーシーズ人類学という話と、今回の谷口さんの話が、将来的に関わってくる可能性を指摘しておきます。人間とロボットあるいはＡＩから成る記号創発システムというのは、一種のマルチスピーシーズ・アッセンブリッジだと考えられると思います。この「アッセンブリッジ」という表現は、アナ・チンによる『マツタケ』[*4]という本に出てくるのですが、人間と人間以外の種族が同じ場にいて、ここでいうところの記号創発システムのようなものを作り上げている、と捉えてみてください。詳細な議論は今後の機会に譲りたいのですが、マルチスピーシーズ人類学に関していうと、たとえばエドゥアルド・コーンの『森は考える』[*5]という本は、パースの思想を非常に熱心に参照して議論を展開しています。

それでは発表を締めくくりたいと思います。私としては、パース思想にもとづくからこそ見えてくる洞察があると考えています。パースの人間観として、まず自己という記号過程は、拡張するにつれて、より更新を繰り返すものとみられるようになるでしょう。つまり、確固たる自己があり、それが拡張するのではない。自己なるものの輪郭も核心も柔軟に変化すると捉えられるはずです。だから、多種間のアッセンブリッジにより、かつては自己の核心と思っていたものを明け渡すようなこともありえるのかもしれない。これについては、マルチスピーシーズ人類学の人たちからの反応を待ちたい点でもあります。未来のロボットは、こうした探究の共同体に加わっていき、人間とともに共創的な学習過程を経験していくようになるでしょう。そして、それぞれの環境の共同体全体の記号過程は更新されていき、人間とロボットと環境との相互作用の中で、私たち自身の記号創発も進展していくでしょう。さらにパース思想は、未来の記号創発システムにおいて、人間とロボットの記号過程がどのように変化していくのか、という論点をも示唆していくでしょう。人間という記号過程そのものが問い直されていくというのが、今回の私の発表のいちばん強調したいところです。

＊4　アナ・チン『マツタケ——不確定な時代を生きる術』赤嶺淳訳、みすず書房、二〇一九年。

＊5　エドゥアルド・コーン『森は考える——人間的なるものを超えた人類学』近藤祉秋・二文字屋脩訳、亜紀書房、二〇一六年。

◎質疑応答

椋本　谷口さん、加藤さん、ご発表をありがとうございました。せっかくの機会なので会場からも、おもに谷口さんのご発表についての質問などがありましたら、是非いただければと思います。それでは、そちらの方、お願いします。

谷島　二松学舎大学の谷島貫太と申します。たいへん面白いお話をありがとうございました。谷口さんのお話はチャットＧＰＴの話題から入られましたが、それと谷口先生の記号創発ロボティクスとの違いについて質問させてください。

チャットＧＰＴの場合、元々ある言語を分析して言語を操るわけですが、それに対して谷口先生のロボットの場合、最初はインプットから始まって、フィードバックを介して試行錯誤しながらチューニングを進め、言語に参加して行くプロセス全体をシミュレートするということだと理解しました。その点を踏まえて、ご講演のなかで、もし人間の言語が集合的な予測符号化として機能しているのであれば、それをシミュレートすることができればロボットも人間の言語活動に参加して行けるだろう、という話があったと思います。これは単に、チャットＧＰＴのような元々ある言語に対するシミュレーションではなくて、言語が動的に変化・進化していくというプロセスそのものに参加できる、ということだと思います。もしそれが成立するのだとすると、例えば人間が全部いなくなって、ロボットしか存在しない世界で、ロボットたちが言語の創発を進展させていく、という可能性も考えうるかと思います。谷口さんのモデルでは、ロボット自身が身体を介して個別のインプットをしていき、個別の体験を蓄積していくことになります。そうすると、それぞれの個別の体験に基づいた個別の観点から言語を使用することで、その個別性を言語の全体性へとフィードバックしていき、そのことによって言語を少しずつ変化させながら、全体としては安定したマクロな言語の展開を作り上げていくことになると思うんで

図1　当日の会場の様子

す。

そこでちょっと思考実験をしてみたいと思います。たとえば六〇億のロボットがいて、人間が六〇億人いるのと同じように言語が動いている場合、そこでの言語の機能にとって、ロボット個体による他のロボット個体の心の想定は不可欠なのかということをちょっと考えたいと思うんですね。人間の言語的コミュニケーションの現実の機能においては、他者の心を想定すること、つまり心の理論が成立していることは不可欠な要素になっているかと思います。そして他者の心の推定はしばしばマルチモーダルに行われるわけですが、そこで特に重要になるのが、本セッションのテーマとも関わる〈顔〉だと思います。

〈顔〉を記号として考えるとすると、仮面の場合はまた事情が変わってきますが、パース的な意味でのシンボルという側面だけでは扱えません。そこにはアイコンやインデックスの側面も関わってきます。たとえば〈顔〉のインデックス性に関わるものとしては、「目が合う」という体験があります。「目が合う」という体験は、その目の向こうに心があるというインデキシカルな体験である、と言えるかと思います。谷口さんのロボットが言語の創発プロセスに参加していくという際、そのロボットは心の理論を有して、他者／他ロボットの顔を、その背後にある心のインデックスとして読み取ったりできるようになるのか、という点が気になりました。この点についてはどうお考えになるでしょうか。

谷口　ありがとうございます。チャットGPTと記号創発ロボティクスの違いは、まあ、ほぼおっしゃったとおりなのですが、少し整理させていただきますね。

一番大きな違いは、チャットGPTは創発し終えた言語体験の結果をシステムに内化しているということ、つまり創発のプロセスには参加していないということですね。もう一つは身体を持っていない、実世界の環境の中で生き抜いていくということをチャットGPTはしていないということです。そこに大きな差があると思います。まさに、だから先ほど加藤さんがおっしゃった人間が生きていく中で、その習慣を通して記号過程を生み出していくといったところはないわけです。

もう一つ重要な論点に触れておくと、記号創発ロボティクスっていうのは、最終的にはやはり人間の記号過程や、記号を形成していくシステムがどうなっているのかを理解したいわけです。そのための構成論的アプローチとして、実際に動くものを作りたいというところがあります。

次に「他者の心」を理解するということに関してなんですが、これに関しては、僕は構成主義的なポジションから、もう一歩メタな視点に立って議論しないといけないと思っています。つまり、他者概念がどう立ち現れるのかまで遡れないとダメなのかな、と思うんですよね。記号創発システムの考え方の源泉は、ピアジェのシェマ理論とか、あるいはオートポイエーシス論といった構成主義的な世界観にあるわけですが、そこで概念や世界の認識といったものは、すべて主体の中で構成されていくと考えるわけです。これはパースの記号論の基礎となっているプラグマティズムの考え方とも近いものがある。そういう視点に立つと、他者はトップダウンに存在して、所与として、その意図を推定するというプロセスを考えるというよりは、むしろ構成されていく、あるいは、見出されていく対象として、その構成のプロセスを考える必要があるんじゃないか、という考え方です。

そういう視点に立ちつつ、本日のシンポジウムのテーマに引き寄せるならば、やはり表情とか仮面とかいうものは、ある種の記号であるわけで、それを私たちは「生き抜くため」に、その意味を色々と解釈している。あ、この人がこういうふうな顔したら次こうくるで〜みたいな、わ〜批判くるわ〜とかですね、まあそういうことを思ったりするわけですよね。まさにパースの記号論。そういったプラグマティズム的な方向で考えて行くことになるのだと思います。むしろ記号過程の向こう側に他者概念は立ち現れてくるのではないでしょうか。

記号創発ロボティクスに関しては、もちろん今の僕のモデルでずっと行けるとは言いませんけれども、ちゃんと健全に一〇年、二〇年、三〇年と進歩を遂げられるならば、そこで私たちの理論の延長線上に創発してくる記号というのは、単にテキストの処理という意味での記号処理では決してなくて、やはり習慣であったりとか、イコン、インデックス、シンボルであったりとか、それらの区分を越えて意味をくみ取れるロボット、ＡＩであるべきと思います。そうするとまあ、今おっしゃったようなところに繋がってくるのかな、と思いました。

谷島　ありがとうございました。

椋本　もうお一人くらい、質問をいただければと思うのですが、いかがでしょうか。

楊　早稲田大学（当時）の楊駿驍と申します。すごく興味深い発表をありがとうございます。ちょっと質問したいのは、ロボティクスにおいては、環境との適応や相互作用という点があると思います。それに関して今、シミュレーションにおける物理エンジン[*1]というのもすごく発達してきていると思うのですが、例えば物理エンジンでシミュレートした仮想環境の中でＡＩを訓練することで、実世界と同じような環境適応や相互作用は可能なのかどうか、お考えを聞かせてください。

谷口　ありがとうございます。物理エンジンの話についていうと、ポジティヴな面とネガティヴな面があります。

まずポジティヴな面でいうと、ある程度の議論をしたいときに、一定のコンプレキシティ（複雑性）を持ったシミュレーション空間を、十年前とは違うレベルで準備できるようになってきてはいます。実際に最近では特に歩行などのタスクにおいてシミュレーション空間で訓練したＡＩを実世界のロボットに植え付けるといきなり歩き出すみたいな事例が報告されだしています。それに対して、やっぱりロボティクスにおいて実世界で動かしてデータを集めるのは、非常に大きな制約が様々にあります。なので、やはり私自身としては実世界が大事だと思うんだけれど、研究の段階と

＊1　力学などの物理法則に基づくシミュレーションを行うためのコンピュータープログラム／ソフトウェアライブラリを指す。例えばゲームなどのコンピューターグラフィックスにおいて、単なる視覚効果として描画像を生成するのではなく、キャラクターと地形のようなオブジェクト同士の接触・衝突や、液体や飛沫などの描写について、物理的なシミュレーションに基づいて画像を生成する場合に用いる。

して、一定のマルチエージェントの社会みたいなものを仮想空間上に作って、そこで記号過程をシミュレートしてみよう、といったことに戦略としてある程度切り替えたほうが良いのかという問題は、今まさにかなり悩んでいるところです。ロボティクスにおいて時代はシミュレーションの活用に再び動きつつあるのは確かです。

次にネガティヴな面についていうと、物理エンジンというのは、やはりモデルが不十分なことがまだ多いんですよね。つまり実は現状、そもそも私たち人間が物理世界を理解した範囲においてのみモデルが作られているので、それ以外は想定外というか、シミュレートされていないんですね。実世界でロボットの実験をやると、色々とそう単純ではない。光の加減とか、例えば赤外線センサーで壁の距離を測るはずだったのが、実はガラスの壁面だと赤外線が抜けちゃうので、反射が返ってこなくて計測できないとか、まあ色々な不確実性があって、実際にやってみて、その中で気づくという部分があるんですよね。特に触覚や力覚に問題があるとロボティクス研究者は指摘します。

物理エンジンだとなかなかそこまではできない。昔の複雑系の議論というのも、結構シミュレーションが多かったんですよね。そうした中で、僕がロボティクスを研究テーマとして実世界を志向したのは、やはり研究のためのシミュレーション空間を用意して、それは必然的に設計者がわかる範囲での結論を述べるための研究みたいになってしまうところが、非常に自己撞着的で良くないと思ったというのもあります。ただ、先ほども申し上げたように、この五年間ぐらいで、物理エンジンの精度も非常に上がってきていて、業界の変化が速いので、このあたりの言説は非常に流動的だと理解してください。この議論の記録が出版されて読まれるころにはひっくり返っている可能性もあるかもしれません。

楊　ありがとうございます。

椋本　質問や議論は尽きないところとは思いますが、今後もぜひ記号学会で、こうしたテーマで学際的な議論を続けていきたいと思います。ありがとうございました。

セッションをふりかえって

学際的コミュニケーションの創発――他者をいかに認識するか

椋本　輔

今回のセッション「ロボティクスと心――情報技術・システム論からのアプローチ」は、第四三回大会の全体テーマ「仮面の時代――情念と心と、その表出」の中で他の、伝統芸能をめぐって能楽師の方を招いたセッションや、ポピュラーカルチャーをめぐる文化実践的な観点からのセッションとともに行われた。他のセッションとはいささか異質な抽象度の高い議論ながら、その意図するところは、やはり他セッションとともに今回の議論を深めることにあった。それが、大きく「AI・ロボットからの視点」へと我々の想像力を広げてみることだったのは、セッションの冒頭で述べている通りである。

そして実際に、まず谷口発表によって、単に擬人化の対象としてのAI・ロボットについての議論ではなく、工学的・数理的な取り組みの内在的な視点からみた、意味の解釈やコミュニケーションをめぐる議論が克明に紹介された。そして、それに応答する加藤発表によって、そうした記号創発ロボティクス・記号創発システム論の取り組みが、パース記号論のプラグマティズムとしての側面と親和的であり、現代的なコミュニケーション環境における記号論・プラグマティズムの可能性を考える上で大きな意義をもっていることが指摘された。また、ともにパース記号論の可能性の再考として、近年の記号学会で広く関心が共有され、大会での議論においても度々言及されている、人類学における新たな潮流とも通じ合う可能性が指摘された。
それらの発表を受けて質疑応答の中でも、ＡＩロボットと人間との間のコミュニケーションを、さらにはＡＩロボット同士のコミュニケーションを仮定した時、今大会での議論全体を通したテーマである「仮面」の問題は、やはり必然的に我々自身の「心」について考えることにつながるのではないか、という議論がなされた。それは自ずから、「他者の心」について考えることにもつながる。

しかし、ここで問われる「心」とは、自己同一的な「素顔」に対する「自我」といった、近代的な主体観によって捉え得るものではない。本セッションの冒頭でも、今回の「仮面」をめぐる議論の背景にある坂部恵の議論を改めて参照したが、そこでの「仮面」という概念は、顔や世界の表情についての我々自身の「解釈」を浮かび上がらせる。そこで、あえて「仮面」という記号的イメージを用いることによって、我々はそこに「具体的な意味解釈の現場」を連想する。そして、「意味するもの」と「意味されるもの」の二項関係が単に固定的にあるような記号観ではなく、また単に抽象的な三番目の項としての解釈の記号化でもなく、もっと不確かに、ダイナミックに行われている、その都度具体的な解釈の存在が仄めかされる。

そして今回、能をめぐるセッション（本書第Ⅰ部）で議論された空間性・時間性の中での意味解釈や、ポピュラーカルチャーをめぐるセッション（本書第Ⅲ部）で紹介された様々なメディア表現とその意味解釈のあり様に触れてきたことで、それらの表現と解釈の豊かさに逆照射されるようにして、もう一つ浮かび上がってくるものがある——そこで具体的に意味解釈をしている、すなわち生きている我々＝観察者の存在である。

だが、我々は基本的にそれぞれ一個体の生命として生きているとしても、我々が生きる上で当たり前のように行っている様々な観察すなわち意味解釈の視点について改めて考えてみれば、それは単純に素朴な一人称的・主観的な視点からだけではない。我々は、ごく日常的な会話の中でも往々にして、それをともにしている他者の意味解釈、すなわち他者の視点からの観察について、まさに顔の表情や声の表情などから想像しているだろう。また、他者によって言語化されたその思考、さらに例えばこの書籍のような形で文字化された「他者の視点からの様々な観察の結果をもとに織り上げられた思考」について読むことで、知らず知らずそうした様々な視点も想像裡に、自分に内在させているだろう。

また、そうして複雑に観察を重ね合わせるほどに、それを通して「社会」といった大きな問題について語るほどに、実は我々自身の観察の視点——我々の「心」こそが、認識の盲点のように、そこにある。少なくとも現状、如何なる科学的アプローチをもってしても、思考や意識、さらには無意識といった心的過程すなわち「心」について、我々は間接的にそのあり様を推し量ることしかできず、その内訳・仕組みについて、蓋を開けて機械の中身を観察するように解明することはできない。我々が世界や他者を観察するその都度、たとえそれが科学的な観察や学術的な議論のように公正中立を志向したものであっても、そのような観察をしている／織り上げている我々自身の「心」こそが、大きな謎として存在しているのだ。

このような、我々の「観察」と「心」と「コミュニケーション」との関係を、総合的に捉えた理論体系がある。本セッションの随所で言及されている基礎情報学である。基礎情報学は、ネオ・サイバネティクスと呼ばれる国際的な学問潮流の一環として、二〇〇〇年代から東京大学学際情報学環の西垣通ゼミを中心とした議論によって形成されてきた。[*1] ネオ・サイバネティクスは基本的に、オートポイエーシス論[*2]を中核としたセカンドオーダー・サイバネティクスという、生命論的な自律

＊1　西垣通『基礎情報学——生命から社会へ』ＮＴＴ出版、二〇〇四年。西垣通『続基礎情報学——「生命的組織」のために』ＮＴＴ出版、二〇〇八年。西垣通『新 基礎情報学——機械をこえる生命』ＮＴＴ出版、二〇二一年。

＊2　本書第Ⅱ部の檜垣立哉「廣松渉の表情論再考」においても、廣松がその表情論と同時期、晩年における総合的な構想の中で、オートポイエーシス論に言及していたことが触れられている（本書七一頁）。

閉鎖系についてのシステム論に基づいている。当初の古典的サイバネティクスは現代に至るまでのＡＩ研究の源流ともなっているが、そこでは生物と機械とを横断的に「制御のフィードバック・ループ」という観点から考察することが、学際的なコミュニケーションの大きな架け橋となった。しかし、そのような考察＝観察は、まだ単に「あるシステムを観察している」という一次的な＝「ファーストオーダー」の観察であり、「そのような観察はどのような視点から行われているのか」についての意識は捨象されていたり、極めて希薄だったり、といった段階に留まっていた。それに対して、二次的な「そのような観察についての観察」の視点を意識化することが、「セカンドオーダー」という語によって表明されている。

基礎情報学は、そうしたセカンドオーダー・サイバネティクスの理論体系を、「階層的自律コミュニケーションシステム（ＨＡＣＳ）」という理論モデルを導入することで、発展的に拡張したものである。それによって、人文学的なコミュニケーション論やメディア論、そして理工学的な情報技術に関する議論まで、「情報」を主題化した様々な議論を、いわゆる「心」の次元——生命論的な自律閉鎖系としての心的過程に基づく認識論と、理論的に接続することができる。そのようにして、一見「情報」や「コミュニケーション」といった同じ言葉を用いながら、往々にして大前提から概念的にすれ違ってしまう学際的な議論を、本質的に交えるための共有の理論的基盤として構想されている。

図1のようなＨＡＣＳの理論モデルにおいて、心的過程は生命論的な自律閉鎖系（オートポイエティック・システム）だが、ある社会的なコミュニケーション＝上位のオートポイエティック・システムに参加する際には、下位システムとなる心的過程の結果としての記述・行為——例えばこうした学会での議論の場における発言などは、「その社会的コミュニケーションの自律的な連鎖」に

即するように拘束・制約を受ける。その結果として、その社会的なコミュニケーションの連鎖＝社会システムの方を観察する視点からは、それに参加している主体は総じて他律的なシステム（アロポイエティック・システム）であるかのように観察される。それらの間で斉一的な意味が共有されているように、すなわち情報の直接的な伝達が行われている「かのように」捉えられるのである。そのようにして、心的過程の中での生命論的な意味や価値といったレベルの情報は我々の「心」の中に閉じたままでも、それがあたかも、他律的な開放系である機械システムにおけるデータ通信のごとく伝わり共有されている「かのような」、社会的なレベルのコミュニケーションも成立するのだ。

このようにHACSによって様々な観察の視点が意識化できるが、先述の通り、我々は日常的な思考やコミュニケーションにおいても往々にして、様々な他者の視点を想像裡に取り込んでいる。そうした観察の「入れ子」的な構図は、特に我々のコミュニケーションについて、

＊「自分とのコミュニケーションに関わっている他者にとって、そのコミュニケーションはどのようにみえているか」といった、**［〈他者がどのように物事をみているか〉について考える］**こと

〔〈他者も自分自身も関わっているコミュニケーションの全体〉はどのような視点からどのように観察されるか〕について考える
＝「階層的自律コミュニケーションシステム［HACS］」の理論モデル

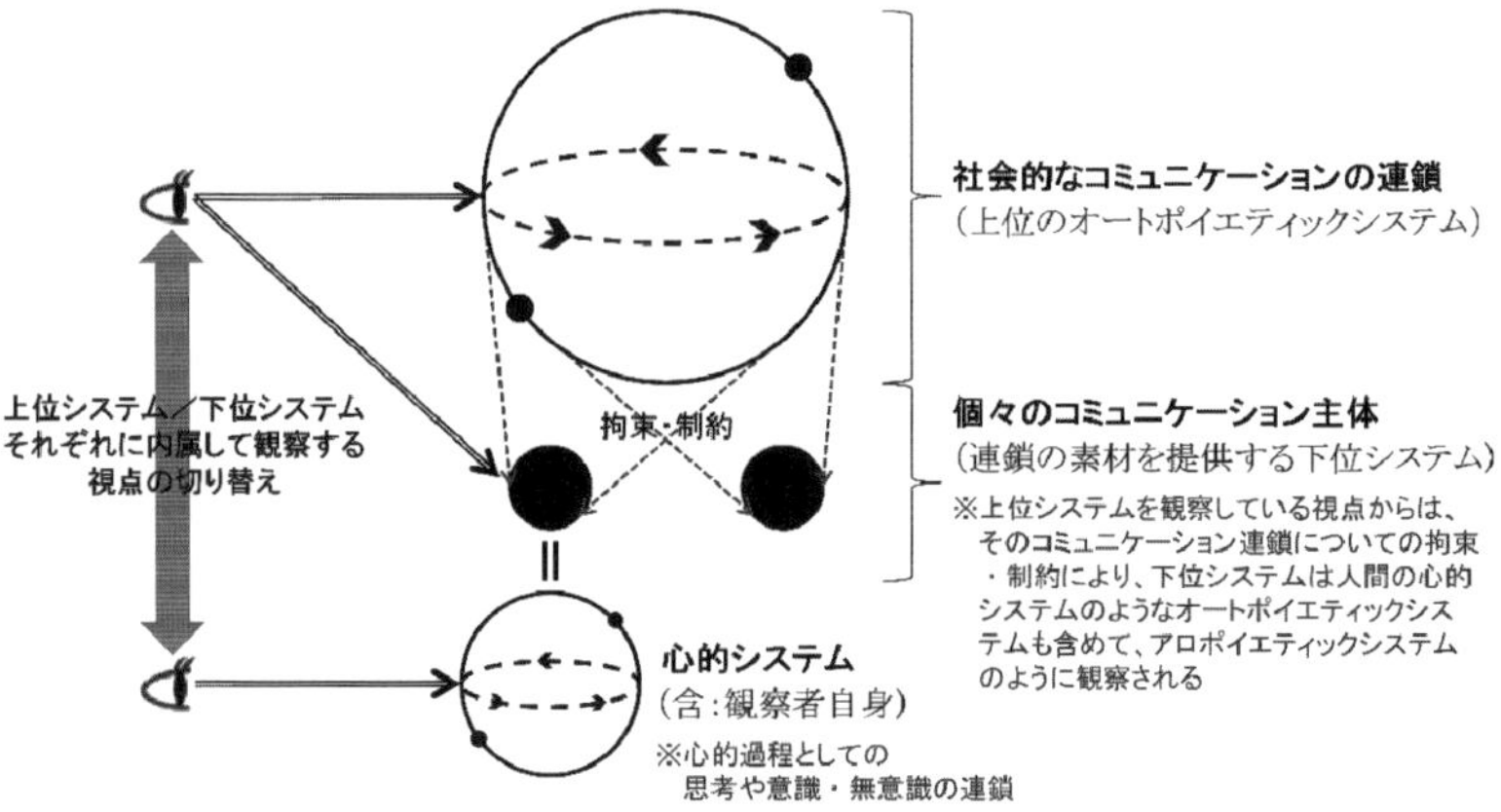

図1　（椋本輔「コミュニケーションのデザイン──デジタル情報に意味を見出す観察者」谷口忠大・河島茂生・井上明人編著『未来社会と「意味」の境界』勁草書房、2023年、一部改変）

＊ひいては、〔「自分自身がどのように物事をみているか」について考える〕こと
＊さらに、〔〈他者も自分自身も関わっているコミュニケーションの全体〉はどのような視点からどのようにみえるか」について考える〕こと

といったパターンに整理できる。[*3] これらは、いずれも先述のセカンドオーダーの観察である。HACSという理論モデルは特に（図1の主題として書かれている通り）三点目についての理論的な考察に資するものだが、[*4] これらのセカンドオーダーの観察は総じて、理論のためにする理論ではなく、極めて実践的に「我々自身のコミュニケーションについて考える」ことにつながるものである。[*5]

そして、実践的な我々自身のコミュニケーションにおいて、〔「自分自身がどのように物事をみているか」について考える〕上で、非常に興味深い議論が今大会の中であった。本セッションとは一見趣きを異にする、文化実践的な観点からのポピュラーカルチャーについてのセッション（本書第Ⅲ部）での、「リップシンクへの志向性」をめぐる議論である。

細馬宏通の報告（「仮面と声――口と声との不一致がもたらすもの」）によれば、コロナ禍の中でのマスクの着用に対する抵抗感に、国や地域によって大きな違いがあった要因として、「リップシンクへの志向性の文化差」があるのではないか、という仮説が提示されている。細馬は、アニメーションにおける具体的な表現についての分析研究の中で、セリフの音声と作画の口の動きの一致という「リップシンク」への志向性が、日本に比べてアメリカの方がかなり強い、という現象を発見した。それは、英語第一言語話者よりも日本語第一言語話者の方が「マガーク効果」が生じにくい、といった実験研究によっても傍証されており、「アニメーションでリップシンクが達成されなかったときに、英語の方が日本語に比べて聞き違いが生じやすいこと」が示唆されているという。

＊3　椋本「コミュニケーションのデザイン――デジタル情報に意味を見出す観察者」（前掲『未来社会と「意味」の境界』）、一四六頁。

＊4　同上、一五二頁。

＊5　セカンドオーダー・サイバネティクスひいてはネオ・サイバネティクスの歴史的な成り立ちそのものが、サイバネティクスに参画した研究者たちの中から生まれた、まさに「入れ子」的な問題意識を大きな契機としている。それは、〈我々は「制御のフィードバック・ループ」について学際的に考察＝観察するサイバネティシャンならば、自分たちの学際的なコミュニケーション自体についてもそのように、サイバネティクス的に考察＝観察する必要があるのではないか？〉という自己言及的な省察であった。

細馬はそこから、口の動きのずれを超えた「不在」としてのマスクの問題を手掛かりに、岡室美奈子の報告（「テレビドラマとマスク――『俺の家の話』を中心に」）においても取り上げられたサミュエル・ベケットの映像作品『Not I』（一九七二年）なども参照しながら、他者の「声」との間での、口の動きのずれや不在あるいは過剰の表現と、それらが我々にとってもつ意味について、様々な角度から考察している。ここでは、そうしたリップシンクをめぐる問題と、本セッションでの議論とが響き合う接点について考えてみたい。

基礎情報学をはじめネオ・サイバネティクス全般の理論的な基礎となっているオートポイエーシス論について、提唱者であるウンベルト・マトゥラーナとフランシスコ・ヴァレラによって書かれた入門書が、『知恵の樹――生きている世界はどのようにして生まれるのか』である。難解と言われるその概念について、平易な語り口で全体像が描かれたその中に、次のような印象的なアフォリズムがある。

言われたことの全てには、それを言った誰かがいる[*6]

この警句が言わんとすることは、もちろん「社会的な発言の発言者の責任を問う」といった訓戒的な話ではなく、「観察者」という概念についてわかりやすく説明するためのイメージである。このアフォリズムが描くイメージをそのまま、先のリップシンクをめぐる問題と重ねると、次のように言えるのではないだろうか。

我々は、何かしらを「言われたこと」として、すなわち広く何らかのメッセージとして捉えた時には、むしろ避けがたく「それを言った誰か」を想定してしまう。そのように存在を想定してしま

*6　ウンベルト・マトゥラーナ、フランシスコ・ヴァレラ『知恵の樹――生きている世界はどのようにして生まれるのか』管啓次郎訳、筑摩書房、一九八四＝一九九七年、二九頁。

う、探し求めてしまうこと自体は普遍的な傾向であり、一方で、様々なしるしや兆しから「それを言った誰か」を同定する際の記号的な解釈の部分に、どのような知覚的要素が同定に当たって比重が大きいのか、といった文化差があるのだと。

つまり、我々は「言われたこと」の解釈に当たって「それを言った誰か」の存在を必要としており、その「それを言った誰か」の存在は、また観察者としての我々自身の様々な解釈によって立ち現れてくる。その構図は、「我々は他者をいかに認識しているか」という問いへと総合できるが、それを「コミュニケーションをともにする他者」について考えることに敷衍するなら、改めて次のような問いへと展開できるだろう。「他者はどのように、コミュニケーションの相手として我々に立ち現れるのか」と。

そして、その問いと、「AI・ロボットからの視点」へと我々の想像力を働かせ、心を寄せてみる、という本セッションの試みとは通じ合っている。構成論的アプローチで「解釈する主体」としてのAI・ロボットの実現に取り組む記号創発ロボティクスを踏まえて記号創発システム論がめざす総合的な人間理解というのは、まさに「他者はどのように、コミュニケーションの相手として我々に立ち現れるのか」を考えることにつながる筈だからである。

最後に、今回このように「具体的な意味解釈の現場」としての「仮面」といったキーワードに触発されて、学際的な議論をめざした我々自身の議論についても、いくらかセカンドオーダーの観察に努めてみたい。あえて二分すれば、いわゆる人文哲学的な議論というのは、先のHACSの理論モデルで整理できるような様々な観察の視点を、意識的／無意識的に内在化して組み合わせながら、そもそも議論の対象を捉え、そして論じているだろう。それに対して、いわゆる理工系の科学的な議論というのは、なるべく観察の視点を一点に定めて、そこから世界の全てをフラットに、一律にまなざしていく、という姿勢が基本であろう。

そのような視点の違いを乗り越えようという志を共有し、記号学・記号論とシステム論といった異なる観点を組み合わせての学際的な議論は刺激的であり、様々な既存の概念やその相互関係について、根本的に問いなおす醍醐味がある。しかし、同時にそれは学術的には、直ぐに役立つWordやExcelなどのようなアプリケーションを使う前に、改めてそもそもコンピューターの電源が入っていない状態から最初に起動するためのbootstrappingと呼ばれるプログラムの部分から再構築するような迂遠な話であり、そうした議論をしている我々自身の足場が刻々と揺らぐような、自己言及的な「際どさ」がある。

実は日本記号学会において、今回の本セッションのようなテーマを志向した議論は初めてではない。三〇余年前の一九九一年に開催された第一一回大会の中で、本書第Ⅱ部にも寄稿している吉岡洋、そして先述の基礎情報学の提唱者である西垣通、さらに哲学者の黒崎政男が登壇して、ワークショップA「ポストモダンの情報空間」と題した議論が行われた。その冒頭で司会の室井尚は、セッションの趣旨について次のように述べている。

> タイトルが「ポストモダンの情報空間」となっておりますが、これはつまり二つのことが――こう言っていいなら、二つの異なるタイプの言説が――問題になっているわけです。その二つとは、まずポストモダニズム、または、「近代」の作り出した主体や社会の批判に関わる言説であり、もう一つは情報理論、つまりコンピュータの衝撃以降現われたテクノロジーに関する言説やAI論などのことです。この二つの言説は現在のところお互いを排除しあうような関係にあります。互いにきわめて密接な関係にありながら、うまく結び付くことができないで

いるこの二つの言説を、対話の場に引き出していく、そしてこの二つを結びつけた上で、さらに広い社会的コンテクストや主体や身体などの理論の方へと統合していくことができたらいい。まあ、これは私の希望なんですけど、そのようなことを考えています。*7

最初に言いましたように、こういう議論になると往々にして非常に貧しい結果に陥ることが多いわけでして、それはなぜかといいますと、哲学の側もあるいはＡＩやコンピュータ科学の側もお互いに前提となっている言説の規則のようなものに余りにもこだわっているために、論がほとんどうまくぶつかり合わないことが多いわけです。一般的に申しましてＡＩなどの技術者の方たちは、当然のことながらシミュレートすべき対象、研究対象としての人間や社会というものを固定したものとして捉えるわけです。したがって、いまわれわれが言ったように、研究対象が研究の過程でどんどん変わっていくような事態に対しては非常に防衛的になることが多いわけです。また、哲学者の側でもいわゆる哲学の伝統的な言説というものの内部でこうした新しいテクノロジーを捉えようという傾向が余りにも強くて、その結果話がうまく噛み合わないことが多いのです。

今日はそういうことがないように、それぞれの領域でそれぞれの基づいている言説の規則や規制を自由に乗り越えて活動している方たちをお呼びしましたので――もちろん対話をするということがあるわけですけれども――できましたら、そこからさらに先へ一歩議論を進めて行きたいと考えております。*8

第二次ＡＩブームの終盤に当たる当時から三十余年を経た現在、我々は再び第三次のＡＩブーム

*7　記号学研究12『ポストモダンの記号論――情報と類像（イコン）』東海大学出版会、一九九二年、一九頁。

*8　同上、二一―二二頁。

の只中にある。その間に、コミュニケーションの物理的な制約を様々な形で乗り越えられる、インターネットやパーソナルコンピューター、スマートフォンなどの情報技術が全世界的に日常の環境として普及し、その中で学際的な議論をはじめとした領域横断的なコミュニケーションも、容易な当たり前のものとして多様な人々に開かれ、豊かになったように思える。

しかし、今回の「仮面」をめぐる様々な議論から浮かび上がったように、我々のコミュニケーションには常に、「具体的な意味解釈の現場」で、生きている我々によって、不確かに、しかしダイナミックに行われている解釈が関わっている。そうした中で、実は学際的なコミュニケーションも、ともすれば領域の横断を俯瞰するような視点から描かれるイメージとは裏腹に、そうした視点から自動的に導かれるようなものではないのではないか。あくまで個々の心的過程に根ざした意味解釈によって、互いに他者をコミュニケーションの相手として認識し、そして自分自身とは異なる視点に立っている他者と、相互に関わりを重ねて徐々に目線を交えていくことで初めて、学際的コミュニケーションも、いわばボトムアップに創発するのではないだろうか。

セッション当日の結びの言葉（「質疑応答」の末尾の言葉）の通り、そのようなコミュニケーションを今後も重ねていきたい。*9

＊9　その後、日本記号学会に設けられたテーマベースでの継続的な議論の枠組みである「研究会」の一つとして、本セッションにおける議論も契機とした「情報技術とプラグマティズム研究会」が設置され、二〇二四年二月のキックオフ・ディスカッション「情報技術×記号×人類学」を皮切りに、関連の様々な議論を重ねている。

おわりに　記号を論じる「場＝トポス」について

第四三回大会実行委員長　水島久光

日本記号学会にとって、この「叢書セミオトポス」を発行し続ける意義は大きい。ある意味、会の本質にもかかわるものといえよう。学会員に配布される閉じた学術誌ではなく、このような一般の書籍という形態をとったのは、「記号の学（Semiology/Semiotics）」という学問の特性に従ったものである。大学などの高等教育機関において、独立した教育研究組織（ファカルティ）が形成されることもなく、むしろその理論的汎用性をもって学域の際に風穴をあけていこうとする志は、設立以来この会に集う研究者・実践者の熱意によって貫かれ、継承されてきた。それを形にしたものがこの「叢書セミオトポス」というシリーズである。

一九八〇年、設立間もなく日本記号学会は一般の書店に並ぶ書籍発行の準備にはいる。そしてそれは翌年（一九八一年）四月『記号学研究（Studia Semiotica）』（北斗出版）として結実する。当時の運営委員長（翌年から会長）の川本茂雄は、創刊号の主題を「記号の諸相」と定めた理由について言う――「まず、記号とはなにか、また、それは様々な領域においてどのように現れ、どのように機能し、どのような性質をもつのかなどの諸問題を検討し、将来の協同研究のための出発点を設定しようとの意図に発した」（はしがき）。実際ページをめくると、基礎的な理論研究から、文学、音楽、建築や民俗まで、様々な領域の論考が二〇本も掲載されている。

第2号からは特定の「テーマ」のもとに投稿を募る編集形式となる（第2号は「パフォーマンス――記号・行為・表現」）。北斗出版は第5号までで、一九八六年の第6号から23号までは東海大学出版会、シリーズ名を改め「新記号学叢書［セミオトポス］」創刊号から6号までは慶應義塾大学出版会から刊行された。二〇一二年（第7号）に四つ目の出版社として、現在の新曜社に移り今日に至っている。シリーズ名に冠された「セミオトポス」は慶應時代から新曜社に引き継がれたものだ（現在のシリーズ名は「叢書セミオトポス」）。年一度の大会との「テーマ」連動が積極的に図られるようになったのは、東海大学出版会時代の終盤からである。

過去の学会誌のテーマをざっくり振り返ってみると、北斗出版時代（一九八一―一九八五）から東海大学出版会時代の半ばまでは、やはりその関心の中心は「記号理論」を介することによる学問分野の横断にあった。そして一九九〇年代になると、なぜそれ（分野越境）が可能であるのかを掘り下げる本質的な問いが現れはじめ、「記号現象」それ自体の学際性に光が当たるようになる。しかし二十周年記念号（東海大学出版会、二〇〇二年）が出る頃には、書名に『記号論の逆襲』（二〇〇二年）を掲げたことが示すように、かつて「超領域的な基礎学として広い注目を集めた記号論」も「すべてが制度化された一九九〇年代の知的世界の中」では、「オタク化した専門知」の前に退潮をあらわにせざるを得なくなっていた（出版社コメントより）。

以降二〇余年、書籍の企画につながっていく毎年の大会「テーマ」選びは、時代の空気を強く意識し、学会の外から積極的に論客を招き、「開かれた」「自由な」議論を促すように心がけてきた。日本記号学会の、特に大会における議論を「異種格闘技」に例える人もいた。ホスト役を務める学会員は（私を含め）もっぱら場を温めることに汗をかいてきたが、しかし振り返れば一見活気に溢れていたように見えて、単なる言葉のすれ違いで感情をぶつけ合っていただけという場面もなくはなかったように思う。

「すでに当時、「記号論」という看板はまったく通用しなくなってしまっていた」からと言って、「プロパーの記号学者というのはほとんどいない」という状況で果たして「記号学会」を名乗りつづけていいのか――そうした議論をした時期もあった。しかし近年、この学会に徐々に集うようになった若い研究者・実践者たちの優れた仕事を見るにつけ、時代のラチェットはもう一段回ったように感じている。ようやく「流行語としての記号論」の過去のツケを払いきって、未来に向けて新たな一歩を踏み出せるようになったと言ったらいいだろうか。それとも、記号学会が自問自答を繰り返しているうちに、いつのまにか様々な領域で改めて「記号」概念が発見され、むしろ外から再び求められるようになってきたというべきか。

「しかるに記号学ないし記号論は現在までその本質について、内的組織について不明瞭なところが多分に残存し、かつその研究が多数の専門にわたるため、この新しい学問領域の発展のためには、諸方面の専門家相互の協力による情報交換、共同研究が切に望まれます」――学会誌で四〇年以上にわたり巻末に掲載され続けてきた設立趣意書の一文が、あらためて意味をもつ時代が来たように思う。「叢書セミオトポス」には、まさにこれからそうした「協力」の芽をはぐくむ「場＝トポス」となっていくべき機能が期待されるのである。

事実、「コロナ禍明け」と言われる状況の中で、二〇二三年度はここ「叢書セミオトポス」から新しい研究会が学会内に二つ生まれた。一つは、本号の第Ⅳ部（第四三回大会の第二セッション）の議論などを契機とした「情報技術とプラグマティズム研究会」、もう一つは過去出版した学会誌の編集責任者（大会の実行委員長）らを中心にその後の「テーマ」の広がりを追う「セミオトポス再訪」研究会である。いずれもが出版物の編集では収まり切れなかった議論が、この「場」を起点に様々に展開されていくことが予感される。

ギリシャ語としての「トポス」の含意は、物理的な空間上の「場」だけではなく、言葉やイメージが重なり合う「論点」「観点」のありかも指し示している。日本記号学会の Web ページには、これまで学会が出版してきたすべての書籍の目次が掲載されている。〝温故知新〟ではないが、ぜひ本号ではじめて日本記号学会を知ったという方にも、また長年、会員として議論に参加してくださった方にも、改めてページをめくっていただきたい。

「記号論／学」に限らず、人文系諸学は常に「発展途上」の域にある印象をことさらに隠したりはしない。それは成果主義に塗れた現代社会の自称「リーダー」たちにしてみれば、グズグズした煮え切らない営みに見えるかもしれない。ともかく「記号」というよくわからない概念を謂う理屈っぽい連中の扱いは、厄介だとみなされがちである。しかしこうした時代だからこそ、世の中を動かしていくためには、学問か実践かにかかわらず、ものごとの本質にこだわり続ける「厄介者」の存在が求められているのではないだろうか――本号のテーマである「仮面＝マスク」も、その「厄介者」たちが時代の扉を開ける鍵のひとつと言えよう。

最後までお読みいただいた方は、もうお分かりだろうが、本書に提示された議論は、いずれも開かれた状態で一旦筆が擱かれている。冊子体（codex）は思考の「堰」のようなもので、そこには対話から流し込まれたことばが、新たに読者との関係が生まれる契機たることが期待される。本号の「おわりに」で、あらためて学会誌の歴史を振り返ってみたのは、今回のテーマをしっかりその中に位置づけたいという思いからである。「記号の学」を、一周まわって新しい学問として始めるために、日本記号学会は今後も刺激的な「問い」を投げかけ続けたいと考えている。

＊　日本記号学会のWebサイトでは大会や学会誌をはじめ、学会の沿革を一覧にてご確認いただけます。ご活用ください。https://www.jassweb.jp/

資料　日本記号学会　第四三回大会

「仮面の時代——情念と心と、その表出」

日時　二〇二三年六月一七日（土）、一八日（日）
場所　東海大学品川キャンパス（東京都港区）

一日目：六月一七日（土）

受付開始
学会員／非学会員による研究発表

分科会A（一号館一二〇三教室）司会：小池隆太（山形県立米沢女子短期大学）
谷島貫太「記号に注意する——記号受容における限定された注意力をめぐる問題について」
安永光希「パース「新しいカテゴリー表について」における二つの存在論的要請」
大山智徳「圏論によるミニマムな文学モデルについて」

分科会B（一号館一二〇四教室）司会：高馬京子（明治大学）
河井延晃「A HIDEO KOJIMA GAME（小島秀夫監督）の存在論的／記号学的分析に向けて」
呉宇恒「場所の「表象／シミュレーション」を考える——マンガ『アンゴルモア 元寇合戦記』とゲーム『Ghost of Tsushima』の比較を中心に」
浦橋頌生「シミュラークル的表象が拡散される際に何が起きているのか——AESTHETICのイメージ拡散にみる文脈の変容について」

分科会C（一号館一二〇一教室）司会：秋庭史典（名古屋大学）
大久保美紀「芸術鑑賞における「共感」——メタモルフォーゼの概念を手がかりに」
吉岡洋「仮面、覆面、猿轡——Maskの記号論」
檜垣立哉「廣松渉の表情論再考」

問題提起　大会実行委員長　水島久光（東海大学）

第1セッション（二号館二二〇一—二二〇二教室）
「能面と中間表情をめぐって——伝統表現・身体論からのアプローチ」
加藤眞悟（能楽師）、小田原のどか（彫刻家／美術批評）、司会：水島久光（東海大学）

二日目：六月一八日（日）

受付開始
学会員／非学会員による研究発表

分科会D（一号館一二〇三教室）司会：檜垣立哉（専修大学）
渡辺一樹「理由、運、意味——人生の意味の哲学における道徳主義的見解の批判」
渡辺ミルバ「ナラティブにおける仕事の意味、社会的地位と不安定性の意味づけへの影響」

分科会E（一号館一二〇四教室）司会：吉岡洋（京都芸術大学）
上松大輝・椋本　輔「メタデータ共有システムによる「知識」の構造化と構築の支援」
山田志歩「近代日本におけるナショナリズムの象徴としての山岳——日本占領下の台湾の玉山の事例から」
山下晃平「サステイナビリティと日本のコード」

総会（二号館二二〇一―二二〇二教室）

第2セッション（二号館二二〇一―二二〇二教室）

「ロボティクスと心――情報技術・システム論からのアプローチ」

谷口忠大（立命館大学）、加藤隆文（大阪成蹊大学）、椋本輔（情報デザイン／ネオ・サイバネティクス）

第3セッション（二号館二二〇一―二二〇二教室）

「拡散する顔と過剰化する表情――マンガ／TVドラマ論からのアプローチ」

夏目房之介（マンガ研究）、細馬宏通（早稲田大学）、岡室美奈子（早稲田大学）、竹内美帆（星槎道都大学）、佐藤守弘（同志社大学）、前川修（近畿大学）

総括　大会実行委員長　水島久光（東海大学）

編集後記

日本記号学会編『仮面の時代――心のありかをさぐる』をお届けする。本書は「叢書セミオトポス」の一八号目、そして、版元を新曜社に移してからは一二号目を数える学会誌となる。

日本記号学会では一九八〇年四月におけるその結成以来、北斗出版、東海大学出版会、慶應義塾大学出版会、そして新曜社と出版社を移しながら、年次大会における討議の成果を書籍にまとめ、継続して世に送り出してきた。詳しい沿革に関しては学会ホームページに掲載されているのでぜひご覧いただきたいが、一九八一年刊行の『記号の諸相』（北斗出版）以来、例年さまざまなテーマ――新曜社版に限定して振り返っても、「判定」（二〇一二年）、「ゲーム」（二〇一三年）、「着ること／脱ぐこと」（二〇一四年）、「音楽」（二〇一五年）、「ハイブリッド・リーディング」（二〇一六年）、「美少女」（二〇一七年）、「賭博」（二〇一八年）、「モード」（二〇一九年）、「食」（二〇二〇年）、「アニメ」（二〇二二年）、「生命」（二〇二三年）――で学会誌の特集が組まれ、「記号の諸相」を照らし出す、いわば「実験室」としての役割を果たしてきた。コロナ禍の混乱のさなか、学会誌の発行スケジュールが遅延することもあったが、二〇二三年には水島久光会長のもとで電子ジャーナルが新規に創刊され、編集委員会としては学会誌「叢書セミオトポス」および論文誌『記号学研究』という二つの媒体を軸として、会員による研究成果の発信を推進している。

二〇二三年六月一七・一八日開催の第四三回大会（於・東海大学品川キャンパス）にもとづく今号『仮面の時代――心のありかをさぐる』は、「仮面／mask」や「顔／Face」をキーワードとしつつ、各部で「能における面（おもて）」「マンガ／TVドラマ」「記号創発ロボティクス」といった幅広い題材を扱う、記号学会らしい刺激的な一冊になった。お手にとってご覧いただけると幸甚である。

なお、本書の刊行を実現するにあたっては、多くの方々にご協力いただいた。この場をお借りして、関係諸氏のみなさまに感謝を申しあげたい。

日本記号学会編集委員長
松本健太郎

執筆者紹介

岡室美奈子（おかむろ　みなこ）
早稲田大学大学院文学研究科博士課程単位取得退学、University College Dublin 大学院博士課程修了。文学博士。早稲田大学文学学術院教授、同大学演劇博物館・前館長。専門はテレビドラマ論、現代演劇論、サミュエル・ベケット論。著書に『テレビドラマは時代を映す』（ハヤカワ新書、二〇二四年）、共編著書に Borderless Beckett/Beckett sans frontières. *Samuel Beckett Today/Aujourd'hui* 19. Amsterdam (Rodopi. 2008)、『六〇年代演劇再考』（水声社、二〇一二年）、『別役実のつくり方』（早稲田大学演劇博物館、二〇二二年）など、訳書に『新訳ベケット戯曲全集1　ゴドーを待ちながら／エンドゲーム』（白水社、二〇一八年）などがある。

小田原のどか（おだわら　のどか）
彫刻家・評論家・出版社代表。一九八五年宮城県生まれ。芸術学博士（筑波大学）。主な展覧会に「ここは未来のアーティストたちが眠る部屋となりえてきたか？　国立西洋美術館65年目の自問―現代美術家たちへの問いかけ」（国立西洋美術館、二〇二四年）、「リメンブランス」（東京都写真美術館、二〇二四年）など。主な単著に『近代を彫刻／超克する』（講談社、二〇二一年）、『モニュメント原論――思想的課題としての彫刻』（青土社、二〇二三年）。共著に『この国（近代日本）の芸術――〈日本美術史〉を脱帝国主義化する』（山本浩貴との共編、月曜社、二〇二三年）。

加藤眞悟（かとう　しんご）
一九五八年生まれ。能楽師（観世流シテ方・梅若研能会所属）。日本大学文理学部哲学科卒業。故二世万三郎および三世万三郎に師事。観世流準職分。日本能楽会会員、重要無形文化財総合認定保持者。一九九九年より自主公演「加藤眞悟　明之會」を毎年開催。「眞謡会」を主宰して愛好者に謡と仕舞の指導を行う。二〇一三年から新作能『将門』『新皇将門』『射留魔川』、復曲能『真田』『伏木曾我』『虎送』『和田酒盛』『不逢森』『熱田龍神』を次々発表し初演のシテを勤め、能の創作活動を行う。公益財団法人梅若研能会理事、一般社団法人復曲能を観る会代表理事、一般社団法人明之會代表理事、公益社団法人能楽協会東京支部著作権関連委員、および湘南ひらつか能狂言実行委員会、よこはま能の会実行委員会、いせさき能実行委員会の顧問を務め能の普及活動に勤しむ。いせさき教育アンバサダーとして子どもたちに能の啓蒙活動を行う。

加藤隆文（かとう　たかふみ）
一九八五年京都生まれ。京都大学大学院文学研究科博士後期課程修了。博士（文学）。大阪成蹊大学芸術学部准教授。論文に「分析プラグマティズムからの提案――分析美学の問い直しのために」（『美学』二五四号、二〇一九年）、"A Peircean Revision of the Theory of Extended Mind" (*Cognitio*, v. 16, n. 1. 2015)、「パース思想を踏まえた「芸術の人類学」の展開可能性」（『美学』二四二号、二〇一三年）など、訳書にシェリル・ミサック『プラグマティズムの歩き方――21世紀のためのアメリカ哲学案内（上下）』（勁草書房、二〇一九年）などがある。

佐藤守弘（さとう　もりひろ）
一九六六年生まれ。同志社大学大学院文学研究科博士後期課程退学。博士（芸術学）。写真を中心としたメディアと視覚文化の研究を主に行う。著書に『トポグラフィの日本近代――江戸泥絵・横浜写真・芸術写真』（青弓社、二〇一一年）、『学校で地域を紡ぐ――『北白川こども風土記』から』（共編著、小さ子社、二〇二〇年）など。最近の論文に「写真×絵画／工芸／映画――複合メディアとしての彩色／色彩写真」（『美術フォーラム21』四七号）、「眼視の力――コミュニケーションとしての商品展示」（『文化学年報』七三輯）など。

谷口忠大（たにぐち　ただひろ）
一九七八年生まれ。博士（工学・京都大学）。現在、京都大学大学院情報学研究科教授、および立命館大学・客員教授。専門は人工知能、認知発達ロボティクス、コミュニケーション場のメカニズムデザイン。記号創発システム論を提唱し、その構成論的アプローチである記号創発ロボティクスの研究を推進。身体と社会を含んだ人間と機械の知能のコミュニケーションの本質的理解につなげる研究領域を創成している。二〇〇六年京都大学工学研究科博士課程修了。その後、日本学術振興会特別研究員、立命館大学情報理工学部助教、准教授、教授を経て、現職。本の紹介ゲーム「ビブリオバトル」の発案者としても知られる。主な著書に『記号創発システム論――来るべきA

I共生社会の「意味」理解にむけて』（編著、新曜社、二〇二四年）、『僕とアリスの夏物語——人工知能の、その先へ』（岩波書店、二〇二二年）、『心を知るための人工知能——認知科学としての記号創発ロボティクス』（共立出版、二〇二〇年）などがある。

竹内美帆（たけうち　みほ）
京都精華大学大学院マンガ研究科博士後期課程修了、博士（芸術学）。現在、星槎道都大学美術学部デザイン学科准教授。専門はマンガ研究、美術教育。元・日本マンガ学会理事（二〇二一—二三年）。主な論文に、「「はだしのゲン」の「力」——トマス・ラマールの「可塑的な線」との関係から」（『マンガ研究』一九号、二〇一三年）、「線から捉えなおす「劇画」——さいとう・たかをを中心に」（『日韓漫画研究』二〇一三年）、「意思する線——「描く」ことと「話す」ことをめぐる『チ。』試論」『ユリイカ』二〇二三年一月号）など。

檜垣立哉（ひがき　たつや）
一九六四年生まれ。東京大学大学院人文科学研究科博士課程中途退学。博士（文学）。現在、専修大学文学部教授。専攻はフランス哲学・日本哲学。主な著書に『哲学者がみた日本競馬』（教育評論社、二〇二三年）、『生命と身体——フランス哲学論考』（勁草書房、二〇二三年）、『日本近代思想論——技術・科学・生命』（青土社、二〇二二年）、『バロックの哲学——反-理性の星座たち』（岩波書店、二〇二二年）、『ベルクソン思想の現在』（共著、書誌侃々房、二〇二二年）、『構造と自然——哲学と人類学の交錯』（共編著、勁草書房、二〇二二年）など。

細馬宏通（ほそま　ひろみち）
一九六〇年生まれ。行動学、視聴覚文化研究。京都大学大学院理学研究科（博士）。現在、早稲田大学文学学術院教授。著書に『フキダシ論』『二つの「この世界の片隅に」』『絵はがきの時代　増補新版』『浅草十二階　増補新版』（以上、青土社）、『いだてん噺』『今日の「あまちゃん」から』（以上、河出書房新社）、『うたのしくみ　増補完全版』（ぴあ）、『ELAN入門』（編著、ひつじ書房）、『介護するからだ』（医学書院）、『ミッキーはなぜ口笛を吹くのか』（新潮選書）、『絵はがきのなかの彦根』（サンライズ出版）など。

前川　修（まえかわ　おさむ）
一九六六年生まれ。京都大学大学院文学研究科修了。現在、近畿大学文芸学部教授。専門は写真論、映像論、芸術学。著書に『イメージのヴァナキュラー』（東京大学出版会、二〇二〇年）、『イメージを逆撫でする』（東京大学出版会、二〇一九年）、『痕跡の光学』（晃洋書房、二〇〇四年）、『インスタグラムと現代視覚文化論』（共著、BNN新社、二〇一八年）など。

水島久光（みずしま　ひさみつ）
一九六一年生まれ。慶應義塾大学卒業後、広告会社勤務を経て東京大学大学院学際情報学府修士課程修了。現在、東海大学文化社会学部教授。専門はメディア論、記号論。主な著書に『「新しい生活」とはなにか——災禍と風景と物語』（書籍工房早山、二〇二一年）、『戦争をいかに語り継ぐか——「映像」と「証言」から考える戦後史』（NHK出版、二〇二〇年）、『メディア分光器——ポスト・テレビからメディアの生態系へ』（東海大学出版部、二〇一七年）など。

椋本　輔（むくもと　たすく）
一九七九年生まれ。東京大学大学院学際情報学府博士後期課程単位取得退学。修士（情報学）。デザイン事務所代表を務めるとともに現在、立命館大学・立命館グローバル・イノベーション研究機構研究員、および鶴見大学／二松学舎大学／京都芸術大学非常勤講師。主な著作に『未来社会と「意味」の境界——記号創発システム論／ネオ・サイバネティクス／プラグマティズム』（共著、勁草書房、二〇二三年）、『AI時代の「自律性」——未来の礎となる概念を再構築する』（共著、勁草書房、二〇一九年）、『手と足と眼と耳——地域と映像アーカイブをめぐる実践と研究』（共著、学文社、二〇一八年）など。

吉岡　洋（よしおか　ひろし）
一九五六年生まれ。京都大学大学院文学研究科修了。現在、京都芸術大学文明哲学研究所教授。専門は美学・芸術学、情報文化論、現代美術、メディアアート。主な著書に『〈ワードマップ〉情報と生命——脳・コンピューター・宇宙』（共著、新曜社、一九九三年）、『〈思想〉の現在形——複雑系・電脳空間・アフォーダンス』（講談社、一九九七年）、『Diatxt.』（ダイアテキスト）一号〜八号（京都芸術センター）など。

日本記号学会設立趣意書

最近、人間の諸活動において（そして、おそらく生物一般の営みにおいて）記号の果たす役割の重要性がますます広く認められてきました。記号現象は、認識・思考・表現・伝達および行動と深く関わり、したがって、哲学・論理学・言語学・心理学・人類学・情報科学等の諸科学、また文芸・デザイン・建築・絵画・映画・演劇・舞踊・音楽その他さまざまな分野に記号という観点からの探求が新しい視野を拓くものと期待されます。しかるに記号学ないし記号論は現在まだその本質について、内的組織について不明瞭なところが多分に残存し、かつその研究が多数の専門にわたるため、この新しい学問領域の発展のためには、諸方面の専門家相互の協力による情報交換、共同研究が切に望まれます。右の事態に鑑み、ここにわれわれは日本記号学会（The Japanese Association for Semiotic Studies）を設立することを提案します。志を同じくする諸氏が多数ご参加下さることを希求する次第であります。

一九八〇年四月

日本記号学会についての問い合わせは
日本記号学会事務局
〒二五九‐一二九二
神奈川県平塚市北金目四‐一‐一
東海大学 文化社会学部 広報メディア学科
水島久光研究室内

［日本記号学会ホームページURL］
http://www.jassweb.jp/

記号学会マーク制作／向井周太郎

叢書セミオトポス18
新曜社
仮面の時代
心のありかをさぐる

初版第1刷発行　2024年12月5日

編　者　日本記号学会
特集編集　水島久光・佐藤守弘・前川 修・
榎本 輔・松本健太郎
発行者　堀江利香
発行所　株式会社　新曜社
〒101-0051　東京都千代田区神田神保町3-9
電話(03)3264-4973・FAX(03)3239-2958
e-mail：info@shin-yo-sha.co.jp
URL：https://www.shin-yo-sha.co.jp/
印刷所　星野精版印刷
製本所　積信堂

Printed in Japan ISBN978-4-7885-1864-3 C1010

日本記号学会編〈叢書セミオトポス17〉
A５判260頁
本体2900円
生命を問いなおす　科学・芸術・記号
二重らせんの発見以来、生命は記号現象となる。学会ならではの視点から生命観に大転換を迫る。

日本記号学会編〈叢書セミオトポス16〉
A５判162頁
本体2500円
アニメ的人間　インデックスからアニメーションへ
原形質からゾンビ、ロボット、溶けるチーズまで、記号論的分析を駆使してアニメの魅力に迫る。

日本記号学会編〈叢書セミオトポス15〉
A５判216頁
本体2700円
食《メシ》の記号論　食は幻想か？
「料理の三角形」から家庭料理、マンガ「目玉焼きの食べ方」、ヘボ追いまで、食の記号論を展開。

日本記号学会編〈叢書セミオトポス14〉
A５判192頁
本体2600円
転生するモード　デジタルメディア時代のファッション
かつてモードはパリコレや『ヴォーグ』などに主導されてきたが、ネット社会のいま、何処へ？

日本記号学会編〈叢書セミオトポス13〉
A５判184頁
本体2600円
賭博の記号論　賭ける・読む・考える
「賭ける」という人類誕生とともにある行為の魅力と意味を、記号論的＝多角的に考察する。

日本記号学会編〈叢書セミオトポス12〉
A５判242頁
本体2800円
「美少女」の記号論　アンリアルな存在のリアリティ
我々の周りは美少女のイメージで溢れている。この魅惑的存在は我々をどこに連れていくのか？

日本記号学会編〈叢書セミオトポス11〉
A５判280頁
本体2900円
ハイブリッド・リーディング　新しい読書と文字学
スティグレール、杉浦康平などを参照しつつ、「読むこと」「書くこと」を根底から問い直す。

日本記号学会編〈叢書セミオトポス10〉
A５判224頁
本体2800円
音楽が終わる時　産業／テクノロジー／言説
デジタル化、ＩＴ化で従来の「音楽」概念が通用しなくなろうとしている今、音楽は何処へ？

日本記号学会編　〈叢書セミオトポス９〉
A５判242頁
本体2800円
着ること／脱ぐことの記号論
着るとは〈意味〉を着ることであり、裸体とは〈意味の欠如〉を着ること。その記号過程を問う。

日本記号学会編　〈叢書セミオトポス８〉
A５判242頁
本体2800円
ゲーム化する世界　コンピュータゲームの記号論
全てがゲーム化する今、ゲームを考えるとは現実を考えること。ゲームと現実の関係を問い直す。

日本記号学会編　〈叢書セミオトポス７〉
A５判244頁
本体2800円
人はなぜ裁きたがるのか　判定の記号論
裁判員制度などにともなう法廷の劇場化、判定のスペクタクル化ともいえる現況を根源的に問う。